新时代乡村教师专业发展研究

陈永光　著

科学技术文献出版社
SCIENTIFIC AND TECHNICAL DOCUMENTATION PRESS
·北京·

图书在版编目（CIP）数据

新时代乡村教师专业发展研究 / 陈永光著. —北京：科学技术文献出版社，
2022.12

ISBN 978-7-5189-9665-0

Ⅰ.①新… Ⅱ.①陈… Ⅲ.①农村学校—师资培养—研究—中国 Ⅳ.① G451.2

中国版本图书馆 CIP 数据核字（2022）第 184320 号

新时代乡村教师专业发展研究

策划编辑：张　丹　责任编辑：张　丹　邱晓春　责任校对：张　微　责任出版：张志平

出　版　者	科学技术文献出版社
地　　　址	北京市复兴路15号　　邮编　100038
编　务　部	（010）58882938，58882087（传真）
发　行　部	（010）58882868，58882870（传真）
邮　购　部	（010）58882873
官 方 网 址	www.stdp.com.cn
发　行　者	科学技术文献出版社发行　全国各地新华书店经销
印　刷　者	北京厚诚则铭印刷科技有限公司
版　　　次	2022 年 12 月第 1 版　2022 年 12 月第 1 次印刷
开　　　本	710×1000　1/16
字　　　数	204千
印　　　张	12.5
书　　　号	ISBN 978-7-5189-9665-0
定　　　价	48.00元

前　言

近些年来，世界各国对教师专业发展越来越重视，我国也将其视为国家教师教育改革的重要一环。乡村教师是教师群体中数量较为庞大的组成部分，其专业素养对我国的教育发展至关重要。因此，对乡村教师现状进行实地考察与调研，深入了解乡村教师的发展需求，针对需求及问题进行研究，提出解决策略与方案，使乡村教师的专业发展更加高效且具有实效性，对乡村的教育乃至全国的教育发展都有着十分重要的意义。

当前正有百万乡村教师立足于我国辽阔乡土，这一群体可以说是规模庞大，亦是责任重大，更是使命伟大。近年来，国家及社会各界开始关注对于高素质乡村教师队伍的培养与建设，在多方长期的努力下我国的乡村教师专业发展水平也得到了卓有成效地提升。然而，由于我国乡村教育环境、资源等各个方面的限制和不利因素等情况复杂，我国各地乡村教师的专业发展也亟待各方面力量更有力地支持和帮扶。一直以来，高等院校作为乡村教师的重要来源与乡村教师培训的主要阵地，应该勇敢地承担起为乡村教师专业发展提供支持和帮扶的责任。乡村教师是我国教师队伍的重要组成部分，乡村教师的专业发展水平决定着我国乡村教育的发展质量。然而，深受城乡二元经济体制的影响，我国的城乡教育发展呈现城乡发展差距大、城乡发展不均衡的现象，乡村教育的发展也陷入种种困境。

乡村教师是我国基础教育的脊梁。作为中小学教师中数量最多的群体，乡村教师队伍的专业发展成为提升乡村教育质量的内生动力。但由于受到经济发展水平、体制缺陷、地理环境等因素的综合制约，乡村教师的能力和水平长期在较低层次徘徊，成为基础教育改革的短板和薄弱环节。发展乡村教育，教师是关键。我国乡村教育的发展呼唤着乡村教师群体的专业化发展。由于乡村教师主体能力及外部发展资源不足，在其专业发展过程中很难依靠个体力量开拓专业发展的空间，也很难依靠多元培训拓展个体发展的渠道。因此，借鉴共同体的理论，搭建区域教师的研修平台，可以为乡村教师专业发展提供很好的助力。区域研修共同体是通过教师群体间的互动合作带动区域性教育资源的流动，打破边界，建立一个多层次、多形式的乡村学校研修活动体系，推进学校从相对封闭状态向开放性的区域合作模式转化，实现乡村学校间的互助式发展，使学校与学校之间的差距逐渐缩小，特色得以彰显。

新农村建设是造福亿万农民的伟大事业。其中，文化建设是新农村建设的重要组成部分，为新农村建设提供精神动力和智力支持。乡村教师作为乡村知识分子，应该是乡村社会最活跃的文化因子，在当下轰轰烈烈的乡村建设运动中贡献自己的力量，然而由于种种原因，却蜷缩在学校的围墙之内，专心于追求考试绩效。乡村教师积极参与新农村文化建设，既是乡村社会和乡村教育发展的需要，也是乡村教师完善自身的重要举措。目前，教师的专业发展是人们普遍关注的话题，然而，当前的教师专业发展城市化取向明显，被理性工具价值操纵的教师专业越来越偏离教育的本质。教师在疲于应付各类专业发展任务和指标的同时，也迷失了自身的本性。同时，乡村教育有不同于城市教育的文化生态环境，乡村教师的发展要走不同于城市教师专业发展道路。

乡村教师的成长不是逃离乡村文化，而应该顺应时代的发展要求，重新确定自身的责任与目标，把自身的成长同乡村文化与乡村教育结合起来，与时代相呼应，重新找寻乡村知识分子在当代社会中的位置和方向，与乡村文化共生共长。乡村教师参与新农村文化建设，主要从以下4个方面入手：致力于乡村社区建设，培育乡村社区文化；充分发掘乡村文化的教育价值，在课堂教学中融入乡土文化；参与农事生产，深入理解乡土的内涵与品质，在乡村开辟新的生存与发展道路；注重个人生活风格的养成，引领一种新的乡村精神。乡村教师要承担起新农村文化建设的重任，就要不断完善自身，提高自身的文化素养，心怀百姓，拥有朴素的乡土情怀；拓宽文化视野，具备多元文化素质；从乡土文化中吸收养分，夯实自身乡土文化底蕴。同时，培育人文精神与审美情趣，提高自身综合文化素养。

最后，感谢以下基金项目的资助与支持：河南省基础教育教师发展研究创新团队建设项目"智能技术赋能乡村教师高质量发展"；河南省高等学校重点科研项目"TPACK视域下高校教师信息化教学能力培育研究"（22A880031）；河南省高等教育教学改革研究与实践项目（学位与研究生教育）成果"研究生学术诚信建设路径研究"（2021SJGLX058Y）；河南省高等教育教学改革研究与实践项目"基于智慧课堂的教学质量智能监控研究"（2021SJGLX254）。

目　录

第一章　乡村振兴战略与乡村教育发展

第一节　乡村振兴战略与乡村教育

　　2017 年 10 月，党的第十九大报告首次提出乡村振兴战略，并在报告中指出："农业农村农民问题是关系国计民生的根本性问题，必须始终把解决好'三农'问题作为全党工作重中之重。"2018 年 1 月，中央一号文件即《中共中央　国务院关于实施乡村振兴战略的意见》中，又对乡村振兴战略进行了全面阐述。进入新时代，"三农"问题呈现出新的变化，农村数量减少、农业边缘化、农村空心化、老龄化等问题使"三农"工作面临新的严峻形势。站在新时代的历史起点，乡村振兴战略的提出将解决"三农"问题、推动"三农"发展上升到了国家战略的高度，是在深刻认识新时代、新任务的基础上做出的重大决策部署。

一、乡村振兴战略的内涵

　　乡村振兴战略的提出与我国农村发展的现实背景密切相关。中国共产党从建立之初起就始终关心农民和农村问题，始终把解决"三农"问题作为工作的重中之重，并针对存在的具体问题制定相关政策以促进农业农村发展。长期以来，在中央发布的一系列农业农村政策的推动下，我国"三农"工作取得显著成效，农业综合生产能力持续增强，经济结构不断优化，农民收入稳步提高，生活条件显著改善，农业农村发展已经站到了新的历史起点上。但是，我们也应清醒地认识到，农业农村发展仍然面临许多问题，仍要毫不松懈地推进农村工作。

　　乡村振兴的 20 字方针中，产业兴旺是乡村振兴的物质基础，与新农村建设的"生产发展"相比较，产业兴旺的要求更高，是乡村振兴的基本动力。产业兴旺不仅要求涉农"生产发展"，还建设性地把农村农业经济发展的重点归纳为"产业"。从经济学的基本原理分析,"生产发展"是一个基础性较广泛的概念,既可以是微观农民个体的生产,也可以是村集体的较宏观的生产;而产业兴旺则创造性地把农村经济的发展问题纳入产业范畴。一方面,可以更加有针对性地利用产业经济学的发展理论指导农村经济。另一方面,强调农村经济发展的产业化,有利于农村经济发展的现代化。以产业兴旺为方针的农村经济发展问题,对于深化农业供给侧结构性改革的主线,构建第一、第二、第三产业融合的现代农业产业体系、生产体系、经营体系具有重要的支撑作用,有利于推进农业由增产导向转为提质导向,也有利于实现农业大国向农业强国的转变。

党的十九大提出实施乡村振兴的战略构想,这不仅是基于国内外长期对乡村战略地位的理论探讨,也是国内外多年实施乡村建设和发展的经验总结,尤其是我国长期对农业农村农民即"三农"问题高度重视和积极探索的延续。实施乡村振兴战略,大力发展农村产业等,对西部民族地区尤为重要。

二、乡村战略地位的长期理论探讨

农业是人类利用植物或动物生长繁殖机能,通过人工培育,获得食物、工业原料和其他农副产品,以解决人们吃、穿、用等基本生活资料的生产部门,是食物之源和生存之本。此处所指农业,是包括种植业、畜牧业、水产业等在内的农业,而不仅单指种植业,既是人类赖以生存和发展的首要条件,又是国民经济其他部门得以存在和发展的基础,是国民经济的基础产业。农业农村农民问题是关系国计民生的根本性问题,如何在加快工业化和现代化的进程中,进一步促进农业发展、增加农民收入、实现农村持续发展等,一直受到马克思、恩格斯等经典作家的高度重视,也是西方发展经济学长期高度关注的重要理论问题。

一方面,马克思、恩格斯等经典作家一直高度重视农业和农村问题。马克思、恩格斯早在《共产党宣言》的"无产者和共产党人"部分,就提出了未来社会要采取的措施,其中第9条为"把农业和工业结合起来,促使城乡之间的对立逐步消除",后来恩格斯在1888年英文版中修改为"把农业和工业结合起来;通过把人口更平均地分布于全国的办法逐步消灭城乡之间的差别"。尽管后来马克思、恩格斯等反复强调不能把上述措施当作未来社会主义社会建设的教条,但包括中国在内的所有社会主义国家,均把实现工业和农业的有机结合，消灭城乡之间的差别作为执政党和国家的历史使命，作为社会主义制度的重要目标之一。另一方面，国外经济学中的西方发展经济学对于乡村建设和发展的认识经历了乡村被动满足工业和城市发展需要到实现城乡协调发展的演变。

三、乡村振兴战略下发展乡村教育的重要性

乡村教育与乡村建设是对"孪生"姐妹，乡村教育在乡村振兴战略中的地位不言而喻。改革开放以来，乡村变革自发展农业经济、解决温饱问题肇始，到乡镇企业的兴起，一场"自下而上"与"自上而下"的改革开放由乡村而城市，由城市而乡村。在这场伟大革命的过程中，随着生产力的大解放，经济社会的快速发展，乡村教育也得到了前所未有的发展，开始普及义务教育、发展职业教育，改革农村教育体制，加大教育投入力度、调整教育结构、加强教师队伍建设，特别是改革开放"初、中"时期，一大批农村完全中学办的风生水起，为国家高等教育的发展提供了绵绵不断的农村生源，为改革开放以来的国家经济建设提供了人才动力。然而在农村向城市（大学）输出青少年人才资源的同时，一场城市化运动给农村教育带来的"伤痛"不尽言语：优质的农村教育资源，特别是优质师资和生源不断向城市集聚；留守儿童问题至今还是一道未解的难题；乡村教育"脱农""向城化"日益严重；教育发展不平衡、不充分主要体现在乡村当中。乡村教育与乡村建设这对"孪生"姐妹正逐渐"骨肉"分离！

在新时代背景下，必须在主要矛盾政策方向和乡村振兴战略方向下，明确农村教育改革发展方向：一是应对城乡建设不平衡问题。农村发展教育必须明确清代城乡教育的发展。使命是走出一条有别于城市教育的乡村教育道路，突出乡村教育的独特价值和乡村振兴功能。在为国家培养具有基本知识和技能的合格公民责任的基础上，积极加快农村教育和农村发展。社会融合发展突出和实现乡村教育对乡村振兴的作用，促进两者的共同发展。二是提高农村教育质量，解决农村教育发展不足的问题，提供人民满意的高质量农村教育。启动农村教育筹资管理体制改革和农村教师队伍建设，加强农村教育标准化建设，重视学校软硬件设备的提供，建设一支数量充足、质量稳定、可持续发展的农村教师队伍。

①针对城乡教育发展不平衡的问题，要明确城乡教育发展各自的使命，

突出乡村教育的独特价值，振兴乡村功能。一方面，农村学校肩负着培养具备基本知识和技能的合格公民的战略任务。农村教育的发展目标与城市教育有相同的方面，即基础教育阶段主要是使儿童获得基本知识和技能，培养健康的人格，形成良好的学习和生活习惯，逐步成长为合格的公民。

另一方面，乡村教育肩负着乡村振兴的独特使命，是积极加快乡村教育与乡村社会融合发展的必然。我国农村社会的发展和振兴，不能单靠外输血。最一致的方法是依靠它的内在力量。乡村教育作为整个乡村社会的一部分，应直接承担乡村社会发展和乡村振兴的使命，突出乡村教育在乡村社会发展中的重要性。从乡村教育振兴乡村主要在于：完善乡村治理体系，传授和重视现代社会治理理念，推动传统乡村治理体系规范化；促进农村社会经济发展，培养一大批具有乡村情怀的专业人才，积极参与农村社会经济建设，为农村经济社会发展建言献策；传承和弘扬乡村文化，改善传统乡村风土人情；构建和谐、健康、丰富的农村社会生活。在完善农村社会治理与传承体系和发展农村文化风俗习惯的基础上，引导村民养成健康的生活方式，丰富休闲娱乐方式，提高村民的整体幸福感，构建和谐、富足、健康的农村社会环境。

②在农村教育发展不足的情况下，要加强农村教育质量的提升，提供人民满意的高质量农村教育。农村教育经费的投入和农村教师的问题是制约新农村建设时期农村教育发展的主要因素，也是未来我国农村教育质量提升的主要短板。一方面，农村教育投入总量在很大程度上决定了农村教育质量的提高，直接制约了农村学校的规范化；农村教育资源的分配和使用影响着农村学校的教学资源和教学条件。另一方面，建设优质乡村学校，关键在于建设一支数量充足、质量充足的乡村教师队伍。科学的教师治理体系保证了乡村教师的素质，有利于提高乡村教师的专业知识和技能，也有利于提高乡村教师的教学积极性。

第二节　乡村教育的内涵与历史演变

一、乡村教育的内涵

乡村教育与农村教育是不同的概念，具有不同的内涵，二者既相互区别又相互联系。联合国教科文组织秘书处提出农村教育"是指农村地区的基础教育、职业技术教育和成人教育，包括有文凭的全日制正规学习和短期非正规的成人扫盲学习以及技能培训"。农村教育有以下基本内涵：发生在农村、教育对象是农村人口、教育服务面向的是农村经济社会、教育体系包括基础教育、职业教育、成人教育等。乡村教育包含在农村教育的大框架内，是发生在乡村区域内的以乡村人口为主要服务对象实施的基础教育。

因此，对"乡村教育"的概念界定为：发生在乡村区域内的以乡村人口为主要服务对象、包括 6 年小学教育及 3 年初中教育的基础教育。

十九大报告指出："中国特色社会主义进入新时代，我国社会主要矛盾已经转化为人民日益增长的美好生活需要和不平衡不充分的发展之间的矛盾。"报告中提出实施乡村振兴战略的重大决策部署，指出："农业农村农民问题是关系国计民生的根本性问题，必须始终把解决好'三农'问题作为全党工作的重中之重。要坚持农业农村优先发展，按照产业兴旺、生态宜居、乡风文明、治理有效、生活富裕的总要求，建立健全城乡融合发展体制机制和政策体系，加快推进农业农村现代化。"

乡村振兴战略是在历次乡村建设的基础上继承发展而来的，是对前一阶段新农村建设的继承和超越；是为了解决新时代主要矛盾而提出的重大举措，是破解新时代我国社会发展所面临的主要矛盾的主要抓手和必然选择。乡村振兴战略在具体制定和实施时，涉及农村经济社会方面、乡村民主政治方面、乡村治理方面、乡村生态环境方面、乡村产业振兴方面，以及乡村教育和乡村文化等方面。"战略"二字体现了我国对乡村振兴的高度重视，从乡村振兴战略的具体表述可以看出，乡村振兴所涉及的面非常广泛，它是一个系统的工程，也是一个长期的任务，需要我们有计划、有步骤、有条不紊地实现乡村振兴。

人才振兴是乡村振兴的关键，其他方面的振兴都需要人才振兴作为基石。《乡村振兴战略规划（2018—2022 年）》（简称《规划》）第三十章第一节中指出，要优先发展农村教育。一是要重视发展农村基础教育。要着力改善农村贫困地区贫困学校的基本办学条件，满足学校设备和用品的最低需求，重视和加强优质学校的辐射作用。二是加强寄宿制学校建设，关注农村社会的差异性和复杂性，兼顾农村教育发展的不同需求，切实实现农村教育资源的均衡配置。三是加强乡村教师队伍建设。按照城乡融合发展机制，推动和进一步加强城乡教师交流与轮岗，重视城市教师对乡村教育的支持和帮助；

继续推进乡村教师支持计划，坚持计划实施：扩大和加强乡村教师发展专项计划；重视乡村教师的培养，为乡村学校提供高素质、专业化的教师。四是加强软硬件和信息化教育投入。在加大农村学校物理设施和硬件设备投入的基础上，重视和加强教育信息化建设和投资，鼓励农村学校信息化基础设施建设和发展"互联网＋教育"。

二、中国乡村建设与乡村教育发展的历史演变

（一）新中国成立前的乡村建设与乡村教育运动

中国近代的乡村教育思潮最早发端于五四时期。这时期国内社会背景较为复杂，政治上，统治者无心顾及教育事业，教育处于无政府状态，并呈现多元化格局。经济上，中国国内小农经济的衰落和外国势力对国内市场的压制，农村社会受到损害和打击，农业生产力下降，迫使中国一批有识之士想通过乡村教育来建设乡村，发展农村生产力，改善农民生活，改良农村风俗，稳定社会秩序。思想上，清末以来的"新教育"在实施过程中出现很多弊端，而此时期西方的教育思想为中国的教育事业打开新视野。因此，中国社会各界要求改革乡村教育的呼声高涨，一批知识领袖们将国外平民教育思想、生活教育思想、职业教育思想等引向农村，并结合当时中国实际进行创新，从而形成了自己的乡村教育理论，拉开了乡村教育思潮运动的帷幕。

乡村教育运动发端于五四时期。李大钊和余家菊是较早关注乡村教育的学者。1921 年，黄炎培指出农村职业教育是乡村教育的一部分，并分析了农村职业教育的重要性。王拱璧最早进行乡村教育实验的探索。早期中国共产党人也关注农民和农村教育问题。

第一次国共合作时期进入发展期。这时期国民党方面关于教育的政策为乡村教育运动的开展起到了积极作用，一些教育家把视野转向农村。陶行知于 1923 年提出平民教育下乡，以普及教育，并下乡考察研究乡村教育，1927年创办试验乡村师范学校（晓庄学校），提出生活教育理论，推动乡村教育的发展。晏阳初认识到平民普及识字的必要性和乡村教育的重要性，于 1924年去保定等 20 个县提倡乡村平民教育。中华职业教育社办事部主任黄炎培于 1926 年以江苏昆山徐公桥为实验区进行乡村教育实验，极大地推动了乡村教育的发展和社会影响力。在此期间，中国共产党也组织协会开展农村教育，

取得良好的效果。

20世纪30年代乡村教育思潮进入高潮期。这时期的乡村教育运动不仅是教育现象，更是超越教育视野的社会文化现象，各代表人、各组织被"农民意识"联系了起来，乡村教育思潮形成了运动。各乡村教育流派有一个共性：追求农村教育的普及化、职业化，都从农村入手以解决实际问题，并因此掀起乡村教育改革和实验运动，目的在于共同寻求农村复兴与发展之路，以创造新的中国。从1925年到1935年，乡村教育、乡村建设实验多达193处，运动团体600多个，实验点1000余处。这一时期乡村教育流派的说法很多，有三派说、四派说、五派说、六派说等，主要代表人物有陶行知、黄炎培、梁漱溟、晏阳初、陈鹤琴、雷沛鸿、俞庆棠、王拱璧等。

抗日战争时期和解放战争时期是乡村教育运动的转轨期。乡村教育运动发展到此时期，学界有三种说法：一部分学者认为乡村教育运动不了了之，无形解体；另一部分学者认为乡村教育运动被民众教育所取代，乡村教育运动就此沉寂；还有学者认为，此时期靠近战区的乡村教育实验区不得不停止，其他地区的乡村教育实验仍在进行，乡村教育运动主动或被动加入抗战洪流中，实现了转轨，并最终流入新民主主义教育洪流中。例如，黄炎培、梁漱溟、陶行知、雷沛鸿、俞庆棠、王拱璧等人都积极参加革命工作。

（二）新中国成立后至改革开放前的农村建设与乡村教育

1949年新中国成立，当时中国教育的现状是80%的人是文盲，乡村地区的文盲数占很大比例。因此，这时期教育问题的解决，首先需要从农村出发，进行扫盲教育。1950年召开第一次全国工农教育会议，对我国教育发展事宜进行了讨论和安排，决定通过各种形式发展乡村教育，中国现代乡村教育的发展步伐由此开始。一时间，农民业余学校、农业中学、半农半读的农业院校、农民中等专科学校、工农速成中学等多种形式的学校大量出现。这时期乡村教育重在扫盲教育和职业技能类的教育，对乡村经济的发展、人口素质的提高做出了重要贡献。

1951年受社会政治因素的影响，乡村教育的发展受到很大挫折。1961年提出"八字"方针，对乡村教育发展方向做出适宜的调整，对乡村教育的发展产生促进作用。1963年受社会政治因素的冲击，我国农村教育事业遭受挫折。1966—1976年，全国范围内的教育事业受到严重损害，乡村教育面临崩溃的边缘。1976年结束"文化大革命"带来的混乱局面，教育事业逐渐进入恢复和调整阶段。

总体而言，1949—1956 年这一阶段，农村教育主要服务于政治，重视农村教育对政权巩固的作用。新中国成立后的第一个教育方针即教育为工农服务，此后一段时期国家以此教育方针作为指导，注重教育的发展，尤其重视乡村教育的建设，并使乡村教育与乡村经济、政治相结合，与乡村社会生活相结合，乡村教育的发展取得一定成效。1956—1966 年这一阶段，强调农村教育为社会主义经济基础和建设服务，注重农村教育服务经济的功能。从 1963 年开始，由于受到政治方面的冲击越来越大，教育事业严重受损，教育发展停滞不前。

（三）改革开放后的农村发展与乡村教育

1978 年改革开放以来，我国社会的主要矛盾和主要任务发生变化，教育改革和发展也呈现出不同于前一时期的特征。1987 年，在党的十三大报告中正式提出我国当前社会的主要矛盾是"人民日益增长的物质文化需要同落后的社会生产之间的矛盾。"依此而衍生的主要任务是：通过大力解放和发展生产力、通过着力推进物质文明和精神文明建设，以满足人民的物质文化生活需要。同时，教育改革和发展也有侧重性和时代特征。这时期农村教育改革与发展经历了三个阶段。

第一阶段是 1977 年开始的农村教育的拨乱反正。1977—1984 年这一阶段旨在恢复农村教育的正常秩序。1977 年高考恢复，基础教育的相关工作逐步进入正轨。对于农村教育而言，需要农村中小学教学工作和管理恢复正常。因此，国家和教育相关部门制定了相关教育条例，以使教学秩序步入常态化、规范化。这一时期农村教育的主要任务除了进行普及教育外，还重视农村农业高中、职业技术学校的创办和发展；教学方法灵活多样；教学内容依着农村经济社会发展的需要，切合农村生产与生活实际；教育结构方面也进行了调整，重视普通教育、职业技术教育的共同发展。同时，重视农村教育队伍建设，加强在职教师的培训工作。

第二阶段是 1985 年开始的农村教育改革的推动阶段。1985—2000 年这一阶段旨在进行农村教育体制和农村教育结构改革。一是就农村教育管理体制而言，1985 年出台《中共中央关于教育体制改革的决定》，指出农村教育实行九年制义务教育，基础教育由地方负责、分级管理。1986 年颁布《中华人民共和国义务教育法》，进一步明确了义务教育管理体制的相关规定，对农村义务教育的发展与落实提供了法律依据和保障。1987年出台相关文件，就地方各级政府对于基础教育的职责权限进行了科学划分，强调扩大乡一级管理乡村学校的职责和权限。1993年，《中国教育改革和发展纲要》对以乡为主的管理体制进行了调整，强调县级在义务教育方面的主要责任。2001年，《国务院关于基础教育改革与发展的决定》，明确指出农村义务教育实行由地方政府负责、以县为主的管理体制。二是就农村教育结构方面进行改革。1987年开始建立农村教育综合改革实验区，探索农村教育与社会经济发展的融合，并开展普通教育、职业技术教育、成人教育。1988年提出"燎原计划"，旨在开展与农村社会建设、发展相结合的实用技术和知识的农村教育，以培养新型的农村建设者，并与农村社会相关行业相结合、相配合，推动当地农业发展。1989年开始推进农业、科技与教育的结合，并成立相关领导小组进行"农科教"相关工作的统筹，1998年农科教结合成为法律规定与要求。

第三阶段是2003年开始的农村教育改革的深化阶段。2005年，中国共产党十六届五中全会提出建设社会主义新农村的历史任务，并按照"生产发展、生活富裕、乡风文明、村容整洁、管理民主"的要求，扎实推进社会主义新农村建设。新农村的建设不再局限于乡村，而是在以工补农、以城带乡的全面部署下，动员更广泛的社会力量参与。此时期农村教育的改革和发展也受到更多的关注。在明确指出农村教育的重要地位、强调农村教育服务农村经济社会发展的基础上，指出此时期农村教育发展重在促进教育公平，保障义务教育的健康发展。2005年，提出全部免除西部地区农村义务教育的学杂费，提供免费教科书，进行寄宿生活费的补助等措施。2006年，修订《中华人民共和国义务教育法》，进一步保障义务教育的公平性、公益性。关于农村教育结构方面，大力发展农村职业教育、成人教育，为社会主义新农村建设培养新型农民，重视农村教育建设新农村的作用。这一时期还在"工业反哺农业，城市支持农村"的方针下，重视推动和支持农业农村教育的发展。

总体而言，这一阶段乡村教育发展取得了一定的成效，同时面临一些问题。一是现代化工业强国的建设以牺牲农业为发展定位，使中国农村遭受较大损失，城乡二元结构明显，城乡发展的差距也在拉大。这种情况反映到教育上，即国家对城市教育的加速发展，以及人们对城市教育的极力追捧，并与之相伴随的是对农村教育的轻视与忽视，农村教育的发展受挫。二是城乡二元的对立导致乡村教育的价值取向出现偏差，乡村教育由以前关注农村社会发展转向升学率提高这一唯一指向。城乡教育差距的拉大进一步导致人们对城市教育趋之若鹜，村民对乡村教育产生怀疑，乡村教育在各种压力下渐渐地转变了办学理念，关注升学率的提高，忽视了乡村教育"为农服务"的功能，乡村教育与乡村建设相背离。

十九大报告指出"我国社会进入新时代，社会主要矛盾转变为人民日益增长的美好生活需要和不平衡不充分的发展之间的矛盾"。在主要矛盾发生转变的同时，农村农业农民问题始终是我国重点关注和发展的问题。十九大报告中将农村发展问题提高到战略水平，提出乡村振兴战略。乡村振兴战略提出我国农村社会发展的五大总要求：产业兴旺、生态宜居、乡风文明、治理有效、生活富裕。从新农村建设到乡村振兴战略，20字总要求的变化，两种表述并不是断裂关系，而是一种继承和超越，是顺应中国乡村社会在新时代现实发展需求的理论概括。报告提出的城乡融合发展，也较之前统筹城乡、城乡一体化更进一步。

新时代乡村振兴战略的提出指明了我国当前和今后乡村教育发展的主要任务，一是着力解决乡村教育发展不平衡、不充分问题，加强国家对乡村教育的关注和投资，在乡村学校标准化建设、师资培养和倾向性政策支持、城市对乡村教育的扶持等几个方面加强工作，办人民满意的高质量的乡村教育。二是重视发挥乡村教育的"为农服务"功能，重拾和强化乡村教育对于乡村建设和发展的功能，促进乡村教育和乡村振兴的融合发展。

第三节　乡村教育的价值取向与发展趋势

一、强化和落实乡村教育振兴乡村的功能

（一）更新乡村教育发展理念，构建多样化人才培养目标

1.更新乡村教育发展观念

按照新时代乡村振兴战略发展乡村教育，首先要认清乡村教育对于"乡村振兴"的优先战略地位，在具体实施乡村振兴战略规划中重视乡村教育发展。振兴乡村教育，关注乡村教育发展的要求和政策。防止新时期农村建设忽视农村教育在新农村建设中的作用，防止忽视农村教育的重要性和发展。

根据新时代乡村振兴战略，要坚持农村教育发展的政策导向，坚定农村教育发展的定位，充分认识和应对农村教育的独特重要使命。农村教育发展农村社会，要更新乡村教育发展理念，充分发挥乡村教育"为农业服务"的作用，落实乡村教育在乡村振兴中的作用。现代乡村学校创建以来，始终关注乡村"服务农业"学校的特色，注重乡村教育的社区服务功能，如传承乡村风土人情、文明治理乡村社区、提高乡村教育服务质量等。农村社区的生活质量。随着教育改革的深入推进，农村教育的社区服务功能减弱，因此，当前现代农村教育改革应着眼于恢复和强化农村教育的社会功能，更新农村教育理念，走符合农村社会现实和时代要求、有别于城镇化道路的现代农村教育道路。农村学校在完善和更新教育理念的基础上，为农村学校注入现代教育理念和现代生活文化教育，增强乡村与现代社会的联系；同时，还介绍了现代社会生活方式、生活理念和生活习惯。将现代生活方式与传统乡村风情和地方文化相结合，促进了传统乡村文化的发展，促进了传统乡村风情的完善，带动了传统乡村文化和乡村风情的转变和现代生活方式的健康发展，促进了农村治理体系规范化和农村社会生活现代化建设。

2. 改变农村学校办学模式，构建多种多样的人才培养目标

乡村教育要充分发挥乡村振兴功能，必须适应原有的办学模式和乡村办学理念，转变城乡统一办学模式，注重本土化与现代化融合的乡村教育的发展，以及学校管理理念和乡村学校人才培养的改革与完善。实现乡村学校培养目标的多元化探索，既要培养乡村青少年的健康人格，又要兼顾学生的升学；既要培养农村青少年与祖国的联系和对祖国的热爱，培养适合农村建设的人才，又要兼顾学生作为现代公民应具备的基本公民素质，促进多元化，明确农村学校培养目标，注重办学基础、发展理念。

一是农村教育改革要适应当前农村社会发展的农村教育结构，制定适应需要的人才培养目标，将农村教育与农村建设发展相结合，实现教育与农村的有机结合。

二是农村基础教育、成人教育和职业教育要协调发展，各有侧重。不同类型的农村教育应有不同的学校管理模式和机制。农村基础教育立足于普及和提高的理念，为高等学校培养合格的学生，也是培养高等院校人才的基础和前提。

三是在三者协调发展、各有侧重的基础上形成共识，因此，要强化农村教育"为村服务"的功能，教育发展理念要结合当前形势在该地区普及和完善农村基础教育的发展和进程。同时，注重乡土教材的开发和实施，向学生传递乡土文化，培养乡愁，让农村青少年充满乡土情怀，加强精神文明建设。农村成人教育和职业教育要根据农村建设需要调整课程结构，构建现代农村职业教育体系。

（二）规范农村学校课程知识结构，重视农村教材的教学

1. 调整现有农村学校课程体系，强调基础教材和地方教材并重

农村学校应在提供基础学科教学的前提下，根据当地经济发展的需要、文化特点和当前地区差异，提供当地教材，增加当地知识。开发本土教材，学习本土知识，不仅加强了学校与乡村社会、课程与乡村生活的联系，也促进了学校本土文化的传承与发展，对培养健康人格也很重要。在农村基础教育改革中，要调整和改变既有的农村教育发展的固定思维，改变既有的农村办学思路。办乡村学校的目的不仅仅是让孩子们走出去，更要让孩子们有所成就后回到乡村，为乡村建设贡献一分力量，传承当地文化。我们需要提高农村教育课程的充分性。一方面，要为农村青年提供最基本、最合格的九年义务教育，满足学生继续深造的需要，为高等教育机构提供合格的人才；另一方面，要深挖农村特色融入校本课程，设置校本课程，实施校本课程教学，为乡村振兴培养一大批人才。强调乡土情怀和记忆联系，培养学生对家乡的乡愁，从小热爱家乡，让他们成年后投身乡村建设事业，赢得认同感和成就感，找到自己的文化根源和生活根源。

2. 注重本土教材的开发和具体实施

乡村学校注重地方特色、乡村文化传承和记忆环节，不仅体现在不同的政策规范和趋势的制定上，而且体现在政策的实施和执行上。在课程界定方面，我国早就实行三级管理，校本课程的开发和实施也做了很长时间，但课程实施不到位，甚至乡村学校也是"不受欢迎的"。"城市化"的教育理念扼杀了我国农村教育，农村教育失去了身份和价值感。城市化和现代化浪潮导致农村知识被排斥在农村教育系统外。当前的主要任务是使人们认识到编写地方教材、传授地方知识对于农村社会的发展、农村青少年健康人格的发展和独特价值体系的创造的重要性。农村教育，让人们能真正感受和认识到地方知识的独特性和重要性。学习当地知识意味着什么？这对人们来说是最重要的。对地方文化的传承和对学生乡土情怀的培养，是不可替代的。地方知识与地方社会密切相关。这种乡土文化对于建设乡村生活和秩序具有不可替

代的价值。本土文化的传承和延续，除了环境和乡村风土人情的影响外，最重要的途径是本土教材的开发和实施。

（三）重视乡村教育，提升现代乡村社会的重要性

1. 弘扬和传承乡村传统文化，传播现代乡村生活理念

农村学校的有效建设，可以逐步提高人民群众的道德文化水平，改善当地的风土人情，同时为建设人民群众的现代生活方式和休闲方式做出贡献。乡村学校开展的文娱活动，鼓励村民参与乡村学校，同时使乡村学校更加贴近村民生活，融入乡村社会，进一步强化了对现代教育理念的农民认同。现代生活理念的内化对于村民健康人格的形成和村民健康生活方式的发展具有积极的作用。农村学校作为村民接触现代社会观念的渠道，不仅初步探索出适合农村的现代教育路径，而且掌握了农村人现代化的道德观念和社会观念，促进了农村社会的现代化。

2. 推进现代乡村治理体系建设，实现法治与礼俗治理相结合

农村社会是一个礼仪驱动的社会，这种特征构成了维持农村社会治理的重要机制。现代社会是契约社会，这一特点表明，尊重规则、诚实守信是每个现代公民的最低要求。农村现代化也需要农村治理的现代化。在传统与现代的交融下，农村社会治理方式和治理理念呈现出现代化趋势。在乡村治理现代化进程中，乡村教育发挥着不可忽视的重要作用。现代治理理念是乡村教育特有的，体现在以下几个方面：一是乡村教育教学内容强调现代治理理念；二是了解和掌握治理概念；三是隐含在农村学校校园文化中的现代治理理念、校规、课堂规范，规范了语言和学生的行为，也有助于培养学生对现代治理理念的理解和确认。乡村生活和乡村社区的治理已经从礼仪规则转向礼仪与法律制度的结合。农村教育的组织和管理呈现出规范化、法律化的趋势。现代治理理念深入农村，融入农村风俗传统，共建现代农村，确保农村治理更有效、更符合农村实际。现代治理理念通过乡村教师、教科书、学校管理等方式影响着农村学生，进而进入村民的日常生活，融入乡愁和风土人情。这有助于树立乡村现代化的社会价值观念，从而完善乡村治理体系。

二、完善乡村教育投入管理体制

（一）增加乡村教育经费投入总量，加强乡村学校标准化建设

教育投入管理体制实行中央与地方分项目、按比例划分的"新机制"。但是，乡村教育经费的投入和管理还存在一些问题，阻碍了乡村教育的量化发展和质量提升。投融资的主要问题是乡村教育的总投入很小，不能满足当前乡村教育的资金需求，导致乡村学校无法实施标准化建设，乡村学校是硬件设施和软件设施都缺乏。因此，必须充分利用各种资源，增加乡村教育的总投入，重视乡村学校的规范化建设，重视乡村学校物资设备和硬件设备的投入，做到最低保障乡村学校的材料和设备，缩小城乡差距。基础教育投入缺口将逐步解决乡村教育发展不足的问题。

一是在落实乡村义务教育"新机制"投入体制的基础上，加大中央对贫困地区乡村教育的转移支付力度，实现国家对乡村发展的扶持和优惠支持。抓好贫困地区教育专项资金划转落实，明确资金去向。教育投入制度"新机制"的具体实施要考虑到乡村社会发展的差异性和复杂性，政策实施过程要因地制宜。乡村振兴战略规划强调，我国乡村社会大致可分为4类：集聚提升、城乡融合、特色保护和搬迁统一。对中部贫困地区和特困地区，要加大对乡村学校建设的支持力度，加大乡村教育投入，重点明确乡村学校办学基本条件。在教学设施、宿舍、校园设施、操场、食堂、厕所等地方摆放合适的桌椅、床、板凳等基础设施，要在满足办学基本条件的基础上，加强乡村学校的标准化建设。

二是充分调动社会力量，加强社会各界对乡村教育的重视，为发展乡村教育吸引大量资金投入。发展乡村教育，必须充分调动社会各界力量。我们在强调国家和各级政府要加大对乡村教育投入的同时，也要组织社会力量参与乡村教育的发展，为乡村教育的发展增加社会支持力量。社会各界组织、团体或个人通过多种渠道关注乡村教育发展，以不同方式参与乡村教育建设。

三是充分发挥乡村自身作用，为本地区乡村教育发展提供资金支持。乡村教育的发展和质量的提高不能只靠外力来支撑，还要充分调动和发挥乡村社会自身的力量，发展乡村教育，建设乡村学校。各级政府和乡村社会有关部门要了解国家发展乡村教育的政策倾向，制定符合本地区发展的政策和方

针，顺应国家政策方向，重视乡村教育的不断发展。对于乡村社会生产力发展较好的，要加大对乡村学校的投入和重视，促进乡村教育与农村社会生产力的共同发展。乡村社会有技能、有条件的团体和个人积极参与农村学校建设，建立乡村学校奖助学金制度，为乡村教育事业发展贡献力量。

（二）完善乡村教育资源分配和使用的合理性

在乡村学校建设中，在保障学校办学基本条件和满足学校对硬件和物资设备需求的基础上，重点投资教育信息化和现代技术，加大对学校管理的投入，加强对人才的培养，创建和完善适合农村教育的规范、科学的师资培训体系。

在推进基础教育信息化的过程中，一要缩小地区和学校在基础设施和硬件方面的差距，实现教育资源的均衡配置；二要通过信息技术提高教学效率，填补课程空缺、教师数量和结构不足造成的短板，可以提高整体教育质量，从而缩小教育质量差距。

在新时代背景下，我们加快了现代社会特别是农村社会的现代化发展进程。农村教育改革发展不能停在增加数量上，也不能停在物质硬件设备的投入上，更要提高学校的领先水平，加强教师培训投资、教育计算机化和现代化投资等。要科学重视农村教育投入管理制度的规范化，提高使用效率，确保农村学校经费使用的规范化。建立科学的经费使用监督机制，加快农村教育现代化进程，实现农村教育质量的提高。

三、加强乡村教师队伍建设

（一）构建科学的教师治理制度体系和学校文化

目前，乡村教师队伍总量不足、质量不高，这需要政府和学校构建整套教师治理的制度体系和学校文化。一是严格教师招聘流程，确保教师的基本质量。注重教师专业知识的掌握程度、课堂教学的实践能力，以及教师基本职业道德等综合能力。二是重视教师的在职培养，加强教师职业性的提升。学校针对新入职教师建立教师职业规划，密切关注教师的职业成长，重视规划的落实和实际效果；教学管理团队不定期的听课、评课，指出不足并及时加以改善，培养学生满意的好教师；实行优秀资深教师带新教师的"老带新"帮扶制度，通过"帮"使新教师尽快成长。三是加强校际教师间的学习和交流。定期带全体教师外出考察学习，体会名校的管理和教学水平；分学科组织专业老师去名校观摩听课，回校后召开座谈会汇报学习心得体会，选送教师到知名高校进行半年以内的专业提升培训。四是关注教师的生活和情感方面，做到"情感留人"。学校管理团队经常深入教学一线、工作一线，与教师广泛接触、倾听意见和建议，让情感管理成为教师自觉接受制度管理的内驱力；学校管理者要对教师真正施以关爱，自觉为教师服务，不断为教师排忧解压，不断完善各种制度，从制度的实施到学校文化的形成，让教师体会到学校的温暖、关爱与情感，从而使他们慢慢产生情感溢出效应，激发出努力工作的动力。

（二）加强乡村教师队伍建设倾向性政策的具体落实

根据乡村振兴战略，发展乡村教育处于战略优先位置，发展和提高乡村教师素质也是重中之重。有针对性地增加农村教师数量，提高农村教师素质和综合素养，建设可持续发展的农村教师队伍。因此，在实现新时期乡村教师队伍建设、强化乡村教师政治导向的同时，必须更加关注政策实施的当前效果。我国农村社会是非常多样和复杂的。农村教师队伍建设的一些倾向性措施也应本着因地制宜的原则，从农村和农村学校的实际和基础出发，注重政策的具体落实。目前的成果和潜在的实施问题将有效提高农村教师的素质。一是实施农村教师支持计划，健全计划运行机制，充分发挥农村教师支持计划在农村教师队伍建设中的作用。二是继续实施农村义务教育学校教师专岗计划，加强农村学校缺学科教师培训，提高农村教师专业化水平，注重提高整体素质和乡村师资队伍建设。三是落实乡村教师生计补偿政策，打造强大的乡村教师队伍。

（三）注重乡村教师综合素质的培养

乡村教育的价值取向和定位决定了乡村教师应具备的素质。乡村振兴战略中乡村教育的价值体现在多方面，不仅是为国家培养具有基本素质的现代公民，而且是培养乡村青年的乡村情结，加强乡村青年与乡村文化的联系，注重农村青年的健康人格。他们既要肩负起义务教育发展的使命，又要充分发挥乡村教育的乡村振兴功能，传播现代乡村社会的生活理念和方法，构建现代乡村治理体系，继承和改进传统本土文化，实现乡村教育育人和发展农村社会的作用。

因此，乡村教师队伍建设不仅要注重提高师资队伍的数量和队伍的稳定性，更要注重选拔和培养乡村教师的素质。乡村社会文化的独特性和乡村教育的价值，要求我们重视乡村教师素质提升，明确乡村教师素质的要求和内涵，选择有乡土情怀、热爱乡村的乡村教师。

第四节　教师专业发展研究概述

由于意识到教师专业发展的程度对教育教学质量及学生身心发展的重大影响，大学教师专业发展已经深入到高等教育的各个方面与环节。客观上，有识之士也许会觉得"对学生的成就来说，教师质量这个变量远比其他变量重要得多"。在高等教育最发达的美国，有的学者还提出"在教育的历史上从来没有像今天这样认可教师的专业发展的重要性"，当前任何一项针对改革、调整、学校变革的提议都将教师的专业发展视为一个努力促成所需变化的主要手段。

一、教师专业发展的研究背景

"教师专业发展"（Teachers' Professional Development）是一个外来词，是教师职业在面临现代化进程中各种职业不断"专业化"的压力下，寻求自身"专业化"的进程中而逐渐出现的。其中，包含了人们对教师、教师发展、教师专业化、教师专业发展的长期思考与探索。为此，我们有必要对其进行一番历史考察。

钟启泉教授梳理了国际教师专业化的发展历程，认为：教师的专业化历程经历了"专业化""反专业化""新专业化"的过程。与此相应，教师研修的范式经历了行为主义、认知主义、建构主义的发展阶段。对此，他具体分析道：20世纪60年代以来，现代化运动席卷全球，社会科学中的实证主义主宰教育研究的各个领域，成为教育研究的主流。教师教育的"专业化"因而转向"技术化"。行为目标、能力本位、系统管理的课程设计与评估，教学技术的训练成为教师教育的核心。"工具理性"主导了欧美各国的教师教育。20

世纪70年代以来，后现代主义思潮蔓延到社会生活的各个领域，过去现代化理性主义的科层管理转型为"小即巧""小即美"的后福特主义管理模式；过去专业主义所赖以发展的"基础主义"面临挑战。传统的课程受到"小班小校""微型课程"等的冲击，基础学科衰落，注重现场经验。要求教师角色冲破学校与学科的框架，能够适应学生的需求与能力。教师教育从"技术化"迈向彻底的"反专业化"。面对提升教师素质的社会压力和"反专业化"的挑战，世纪之交欧美各国都在寻求教师专业理念与制度的重建。

学者古德森（Goodson）对英国教师专业发展的研究历程则进行了更为具体的总结，他认为在英国对教师专业发展的研究上，20世纪60年代主要是通过大规模调查和历史分析的途径来了解教师在社会中的地位，以一种不精确的、集体性的统计结果，将教师视为一般从业人员，毫无疑问地应付一个权力来源对其角色所设定的期望。20世纪60年代后期至70年代初期，研究者则视学校教育为一个社会控制过程，同情学生，而视教师如同坏蛋一般；70年代初期则开始注意教师工作中的限制，视教师为被系统所要求、愚弄的牺牲者。20世纪80年代末由于社会批判、后现代思潮的影响，研究者放下身段，从教师的视角来研究教师，关心"教师如何看待自己的工作与生命"，视教师为建构自己历史的主动者，而不是一味地被集体所界定的角色。由以上研究可以看出国际上教师专业发展的大致脉络，教师专业发展的演变逻辑和整个社会思潮的演变是密切相关的。由于历史原因，我国学者对这一问题的研究历史则要短得多。20世纪80年代，我国各级教育体系全面恢复后，才开始进行教师专业发展方面的研究和实践，然而这些研究和实践也仅限于教师的业务培训、学历补偿和教学方法的改进等方面。20世纪90年代初期，认为教师应具有过硬的教学基本功，于是开始倡导教师的职业技能训练，包括毛笔字、钢笔字、粉笔字、普通话、简笔画、课堂教学技能、班主任工作技能和书面表达等方面。20世纪90年代末期，各行各业开始步入信息化进程，教育也不例外，学校开始装备信息化教学工具，并开展教师的信息技术能力培训，提高教师运用信息技术进行教学的能力。

新课程改革对教师提出了各种新的要求，让教师们普遍感到难以适应，甚至产生了"不会做教师"之感。而且其带来的新理念和新词汇，也让教师产生了迷茫和困惑。决策者们深深体会到教师在课程改革中的地位和作用不容忽视，为此，教育部于2002年发布了《教育部关于"十五"期间教师教育改革与发展的意见》，首次提出了"教师专业发展"的概念，并出台了一系列促进教师专业发展的措施。于是，针对教师专业发展的研究迅猛发展。根据本研究统计，在中国知网上，以"教师专业发展"为题名查询到的 6000 多篇论文几乎都是 2002 年之后发表的；以"教师发展""教师培训""教师教育""教师专业化"等为题名的论文也几乎都是 2002 年之后发表的。由此可见，虽然我国教育向来重视教师、重视教师的发展，但是并没有真正引起研究者的重视。新课程改革让我们意识到教师专业发展的重要性，国外教师专业化、教师专业发展研究成果的引入激起了国内学者的研究热情，于是，我们逐步开始了探索本土教师专业发展的道路。

柯政、洪志忠通过对 132 位中学高级教师的调查显示："那些越是认为持续的自我反思很重要的教师，并没有表现出有更高的积极性参加培训；而那些对学习兴趣和发展愿望的重要性给予高评价的教师，也同样没有表现出比其他教师更高的培训积极性。"那么，为什么教师普遍认为教师自身的发展愿望很重要，却又没有表现出很强的培训愿望呢？一种比较合理的解释就是教师不认为各种教师专业发展活动或者专业培训能够改变或者提升他们的自我发展愿望。所以，即使他们认为这很重要，却不意味着他们自己需要更多的专业培训。这是我国教师对教师专业发展的另外一个重要理解，它凸显出来的问题是如何提高教师自身专业发展的愿望。

郭元婕、鲍传友在考察教师专业发展的情况时认为："教师教育中专业主义甚嚣尘上，它突出了把教师作为专业人员来对待，极其专注教学专业的特性，强调教师对先进教学理论知识、手段及其技巧的操练和娴熟，但忘却了教师个体作为鲜活的'人'的存在，忽略了教师自主选择在其专业发展中的决定性作用，其结局是教师专业化变成了'只见森林，不见树木'的行动，教师个体的专业自主权被'专业主义'没收了。"陈桂香认为："在这种教育技能的完善过程中，无论是在职还是职后教育，都过分依赖于僵化、固定的教材教条，与教师的日常教育生活相脱节，也与教师们丰富的个体实践和个人需要相疏离。理性的过度扩张导致忽视了情感，重视了共性，忽视了个性，教师专业发展被理解为是一个理性、逻辑性、线性化的过程，放弃了对教师发展中非理性、个人化、多元性的关注。"而忽视教师主体需要的结果必然导致教师在专业发展过程中处于被动地位，专业发展动力严重不足。宋广文教授认为："一般的教师专业发展的要求主要是自上而下的，是从外部努力的。"对教师专业发展的研究或政策的制定多从促进学生发展和社会进步所需要的教师的角度出发，片面夸大了教师专业发展的工具价值，忽视了教师专业发展满足教师自身需要的本体价值，教师本人作为人的尊严与需要，已经不得不退隐到了作为背景的地位。这种研究忽视了教师专业发展中教师主体性的发挥，造成教师专业发展的动力不足。

针对教师专业发展的相关问题，赵明仁、周钧、朱旭东采用分阶段随机抽样的方法，抽取了北京市 5255 名中小学教师作为问卷调查的对象。调查发现，虽然教师们参加了很多的专业发展活动，然而，教师对专业发展活动的满意度并不高。调查认为，这是由于教育行政部门提供的教师专业发展项目不能满足教师的真实需要。另外，在教师参与专业发展活动的动因上，有83.7% 的教师回答是为了提高教育教学水平，但也有一半的教师回答是新课改的要求（54.5%），其次是为了学历提升（30.5%），个人的兴趣与爱好只占24.7%，晋级、加薪、奖励（21.2%）最少。这说明，传统的、规定性的、常规的教师专业发展活动如教研活动、继教学分培训和新课改培训带有很强的外在强制性，并不能激发教师专业发展的内在动因，将专业发展化为个人的兴趣、爱好。

二、国外关于教师专业发展的研究

（一）关于教师专业发展的概念

霍伊尔认为："教师专业发展是指在教学职业生涯的每一阶段，教师掌握良好专业实践所必备知识与技能的过程。"佩里认为："教师专业发展意味着教师个人在教师专业生活中成长，包括信心的增强、技能的提高、对所任教学科知识的不断更新拓宽和深化及自己在课堂上为何这样做的原因意识的强化。"就其积极意义上来说，教师的专业发展包含更多的内容，它意味着教师已经成长为一个超出技能的范围而有艺术化的表现；成为一个把工作提升为专业的人：把专业智能转化为权威的人。戴综合众多学者的观点提出一个颇具包容性的界定：教师专业发展包含所有自然的学习经验和有意识组织的各种活动，这些经验和活动直接或间接地让个体、团体或学校得益，进而提高课堂的教育质量。教师专业发展是一个过程，在该过程中，具有变革力量的教师独自或与人一起检视、更新和拓展教学的道德目的；在与儿童、年轻人和同事共同度过的教学生活的每一阶段中，教师不断学习和发展优质的专业思想、知识、技能和情感智能。他们的学习和发展具有批评性，因为教师不只是知识和技能的受容器。综上所述，教师的专业发展是一个教师在生活中（主要指与教育教学相关的活动中）不断积累经验、更新提升经验、监控调节心理与行为活动、筹划及革新教学行为的过程，在此过程中，教师的专业观念、专业知识、技能与能力及职业道德情感不断发生着积极的变化。

（二）关于教师专业发展阶段

20世纪60年代末，美国得克萨斯州大学的富勒（Fuller）开始了对教师专业发展阶段的研究。他以教师在其成长中关注事物的更迭为研究对象，采用问卷调查方法，提出了职前教师专业发展阶段理论，认为职前教师专业发展要经历"执教之前关注阶段（Pre-Teaching concerns）、早期关注求生阶段（Early concerns about Survival）、关注教学情境阶段（Teaching Situations Concerns）和关注学生阶段（Concerns about students）"等发展阶段。20世纪70年代，美国学者卡茨采用访谈和问卷调查形式，以学前教师为研究对象，提出教师专业发展的四阶段理论，认为教师专业发展可能经历"求生存阶段（Survival）、巩固阶段（Consolidation）、更新阶段（Renewal）和成熟阶段（Maturity）"。美国俄亥俄州立大学以伯顿为首的一批学者对处于不同生涯发展阶段的教师进行了大样本、严密有序的访谈，提出教师生涯循环发展理论。他们把教师专业发展划分为生存阶段（Survival Stage）、调整阶段（Adjustment Stage）和成熟阶段（Mature Stage）。

进入20世纪80年代，美国约翰斯·霍普金斯大学的费斯勒从生命的自然老化过程和周期的角度研究教师专业发展的过程，对处在不同生涯发展阶段的教师观察、访谈、调查，结合成人发展和人类生命发展阶段等方面的研究文献的分析，提出整体、动态的教师生涯循环理论。他认为教师专业发展要经历"职前阶段（Preservice）、入职阶段（Induction）、能力形成阶段（Competency）、热心和成长阶段（Enthusiasm and Growing）、职业生涯挫折阶段（Career frustration）、稳定和停滞阶段（Stable and Stagnant）、生涯低落阶段（Career Wind down）、生涯退出阶段（Career Exit）"八个阶段。休伯曼总结前人研究成果，也从教师职业生命的自然老化的视角提出教师职业发展五阶段理论（求生与发现期、稳定期、尝新与自疑期、宁和与积守期、游离闲散期）。司德菲也采用观察、访谈、调查的方法，在费斯勒等人的研究成果基础上，提出教师生涯的人文发展模式。他把教师的专业发展划分为五个阶段（预备生涯阶段、专家生涯阶段、退缩生涯阶段、更新生涯阶段、退出生涯阶段），着重探讨了教师进入成熟期以后有可能出现的低落、停滞、重新进入发展阶段的问题。

三、国内关于教师专业发展研究

（一）关于教师专业发展概念的不同见解

台湾学者罗清水认为："教师专业发展乃是教师为提升专业水准与专业表现而经自我抉择所进行的各项活动与学习的历程，以期促进专业成长，改进教学效果，提高学习效能。"教师的专业发展是指教师作为专业人员，在专业思想、专业知识、专业能力等方面不断完善的过程，即由一名专业新手逐渐发展成为一名专家型教师的过程。教师专业发展是一个教师终身学习的过程，是一个教师不断解决问题的过程，是一个教师的职业理想、职业道德、职业情感、社会责任感不断成熟、不断提升、不断创新的过程。综上所述，国内对教师专业内涵的理解与国外的大体类似，一点较为不同的是，我国学者更加强调教师专业发展对效果提升的影响。

（二）关于教师专业发展阶段的研究

我国对教师专业发展阶段的研究大约开始于 20 世纪 80 年代，叶澜等从教育学、伦理学研究视角出发构建的教师专业化的理论框架与林崇德、申继亮从认知心理学角度对教师素质结构予以研究的成果，为我国教师专业发展阶段的研究奠定了理论基础。白益民以"教师自我专业发展意识"为指标，采用思辨的研究方法，把教师专业发展过程划分为"非关注、虚拟关注、生存关注、任务关注、自我更新关注"五个阶段，对教师专业发展阶段做出了明确界定。钟祖荣从教师素质和工作业绩的角度出发把教师专业发展过程划分为"准备期、适应期、发展期和创造期"四个阶段，该四阶段的终点分别对应新任教师、合格教师、骨干教师和专家教师（学科带头人、特级教师等）。邵宝祥等采用问卷调查和个案研究的方法，从教师阶段教学能力出发，把教师专业发展过程划分为"适应阶段、成长阶段、称职阶段和成熟阶段"四个阶段。罗琴和廖诗艳"以教师群体专业发展为假设，以职业成熟度为标准，把教师专业发展过程划分为适应期、发展期、成熟期和持续发展期四个阶段"。该研究涉及教师专业发展阶段的时间界定、专业发展需要、教学关注和教学行为特征等几个重要方面，其中对各阶段的阶段专业发展需求的研究最为细致。该研究还根据各阶段不同的教学需要和特点，论述了教师专业发展各阶段教学反思的内容和策略。

（三）关于教师专业发展向度的研究

从教师专业化的教育学科向度思考问题，有学者认为教师职业具有"双专业性"。从理论上说，教师既应成为教学专家，又应成为教育专家，作为教学专家的教师要向学生传授知识和智慧；作为教育专家的教师要培养学生的品性和德行。从教育专家的视角而言，教育学科的整合与构建重心应该是"教什么"和"如何教"两个部分。一个合格的教师不仅要系统地掌握所教学科的基础理论和知识结构，而且要有将其转化为教学知识和技能体系的能力；教师在进行知识教学之前，应该对每个学生的知识背景、认知风格、心理特点尽可能地了解，这是保证其教学有效性必不可少的前提。从教育专家的视角而言，教育学科的整合与构建重心应该是"育什么"和"如何育"两个部分。人们知道，教师职业的最重要任务是"成人"教育，根据国外学者雷德与华登堡的观点，教师至少要担任10种育人角色：①社会代表，培养学生道德观念，并为学生树立榜样；②知识的传授者和能力的培养者；③法官与裁判，对学生之间行为冲突的是非做出判断；④辅导者和咨询者，包括对学生学业、生活和就业等方面的辅导和咨询；⑤侦探，调查学生良好行为或犯规行为；⑥认同的对象，以教师的人格感染学生，起到潜移默化的效果；⑦父母替身，给予学生父爱与母爱；⑧团体的领导者，领导学生参加校内外各种活动；⑨朋友，帮助学生解决困难问题；⑩感情倾诉的对象。根据这种教师角色理论，教育学科必须研究教师文化素质的合理结构、研究教师职业情感和品格特征、研究教师职业的行为规范。此外，教师专业化还有法规政策向度。当然，目前我国与教师专业化有关的教育政策，如教师教育的学制、教师选拔和聘任制度、教师资格证书制度、教师的专业进修制度等还有待完善。

（四）我国高校教师发展研究现状与进展分析

徐继红、董玉琦采用文献分析法对CNKI中有关高校教师发展研究的相关文献进行了统计分析，结果表明：目前，我国的高校教师发展研究在研究方法上偏重逻辑思辨研究；研究领域上偏重于学术研究；研究焦点上偏重于对国外研究状况的介绍和解读。

研究方法重推测，证据较少。从研究方法维度上文献的分布和引用情况来看，我国高校教师发展研究多采用逻辑思维的方法。逻辑思维的方法在任何研究中都是不可缺少的，是提高实践经验和进一步研究的基础。然而，目前我国高校教师发展缺乏本土化理论研究和实证研究。仅从对国外经验或类似研究的理论推测得出的研究结论，很难有效地指导实践经验的发展。在我国高校教师发展的初级阶段，逻辑性和思辨性研究应结合我国高校教研现状，关注高校应承担的主要责任，教师及他们可能承担的责任。高校教师发展的理想目标是当前我国高校教师发展应首先追求的短期目标，在理论研究和思辨研究中起着主导作用。加强实证研究，关注我国不同类型、不同地区和不同方向高校的高校教师发展现状和特点，探索教师发展的主要维度、发展水平评估工具等问题，从实践中探索特色发展路径，总结成功经验。

研究的重点在国外，国内较少。从被引频次来看，目前我国高校教师发展教育更注重国外经验的呈现，而对本土教师发展和研究的实践重视不够。即使高校教师发展的理论问题已经在美国等欧美国家得到解决，并在实践中进行了研究和探索，但仍然需要注意的是，师范院校发展本质上是一个实践领域。国情和时代因素在很大程度上会受到影响。它影响对高校教师发展内涵的理解，进而影响问题解决路径的设计和构想。因此，在当前国外高校教师理论与实践本土化发展的过程中，有必要深入挖掘国外成功经验的时代背景和不同现实条件，发现成功实践之间的对应关系，并给出解决办法和相关的建议，才能真正帮助中国高校有针对性地学习和吸收国外经验，提高经验介绍性研究文献的实践指导价值。

在研究领域，重点是学术，而不是教学。从关键词分析的结果来看，我国对高校教师发展内涵的理解更加重视教师的学术发展，轻视教学的发展。尽管学术教学理念也被大量引入，但大多数学者仍然坚持认为，我国教师发展的主要内容是如何促进教师学术水平的提高，而对如何促进教师学术水平的提高却没有给予足够的重视。从我国高等教育发展的现状来看，当前的重点是提高高等教育质量的迫切需要。因此，有必要推进实际工作，提高教师的教学技能。教师发展实践工作要关注教师教学能力的培养、教师教学技能发展的现状、发展方式和总结发展实践经验等工作，促进我国高校教师队伍的发展是时代发展和我国高等教育发展的必然要求，这就需要研究者掌握和借鉴发达国家和地区的现有经验。

第二章 乡村教师专业发展的时代机遇与现实挑战

第一节 乡村教育与乡村教师专业发展

一、乡村教育

乡村教育（Rural Education）指在乡村开展的各种正式或非正式的教育活动，旨在从教育乡村村民着手，改进乡村村民的生活，推进乡村建设。近代中国对乡村教育的关注始于 20 世纪初。一些外国传教士与探险家留下的关于中国农村社会的早期记录涉及了当时乡村教育的状况，这些珍贵的史料为后来研究汉族地区的乡村教育奠定了基础。

进入 21 世纪后，随着"三农问题"的凸显和学术界研究视角的下移，乡村教育再次成为教育学、历史学、社会学、人类学等领域关注的焦点。如何建设社会主义新农村，完成城乡一体化教育的任务，再次引起人们的重视。乡村教育不仅要实现对城市化和工业化提供人才的功能，更要承担为农村发展和乡村文化振兴培养人才的重任。1997 年以后，随着"三农"问题的日益凸显，"三农"研究逐渐成为显学。2004 年 2 月，教育部宣布实施"一村一名大学生计划"。同年 7 月，中央广播电视大学正式启动该计划试点工作。试点工作的落脚点是为"三农"服务，为现代农业建设和社会主义新农村建设服务，为农村培养三种带头人，即发展农村经济和农业生产的带头人、农村科技致富带头人和发展农村先进文化的带头人。

2017 年 10 月，在党的十九大报告中，习近平总书记首次提出"实施乡村振兴战略"，明确新时代乡村的振兴发展必须要围绕着"产业培育、环境改善、人才培养"三条主线，协同配套推进。如何"培养造就一支懂农业、爱农村、爱农民的'三农'工作队伍"？国务院发展研究中心主任李伟认为："要在继续推动农业人口转移进城、降低乡村人口占比的同时，注重解决农村人口和农业劳动力的老龄化问题，引导部分农民工返乡，来自农村的大学生回乡，在城市长大的科技人员下乡，到农村去创业。高起点发展现代农业、乡村休闲旅游养老等产业。"国务院发展研究中心农村经济研究部副部长程郁认为："当前农村不仅缺乏以新技术、新思维推动农村创新发展创业的精英人才，同时也缺乏各类专业人才。引智回乡和育才强村是当前农业农村发展的迫切需要。"四川师范大学校长汪明义认为："促进社会全面发展是现代大学的重要职责和使命。大学应立足自身优势，找准发力点，着力为补齐全面建成小康社会的短板服务。到 2020 年全面建成小康社会，最大的短板在农村。这就要求大学聚焦农村，自觉为实施乡村振兴战略服务。"①

因此，面对农村发展和农村人力资源开发对全面建设小康社会的要求和期待，地方开放大学有必要对农村教育进行理解和解读，深入研究农村教育。农村教育现代化和加快推进农村教育的广泛而深刻的要求。区位观念向功能观念的转变，形成了开放的教育体系和对农村现代化发展的学习支撑。例如，四川师范大学和兄弟院校、地方政府在四川省南充市仪陇县共建新农村建设学院，着眼于城乡协调发展，旨在建设社会主义新农村。一是对农民实施人文艺术教育，增强农民自我发展的精神动力；二是对农村干部实施乡村治理技能综合教育，增强乡村振兴领导力；三是实施农村青年技术技能教育，提高他们可持续致富的能力；四是对农村中小学校长实施素质教育技能教育，提高其办学能力；五是对村民进行全面健康教育，倡导农民重视身心健康，美化生活环境，努力创造自己的幸福生活。

二、乡村教师专业发展

"乡村教师专业发展"这一概念是在"教师专业发展"的基础上界定的。基于教师专业发展的概念界定，乡村教师专业发展是指乡村教师个体通过外部提供的支持及自身的自我反思、自我更新和自我提高实现的专业成长过程。其目的在于提升乡村教师的专业水准与专业素养，从而提高乡村教育的质量，促进乡村教育的发展。

教师专业发展的概念因研究者取向的不同而观点各异。霍伊尔认为教师专业发展是指在教学职业生涯的每一阶段，教师掌握良好专业实践所必备的

---

① 王玉国. 百年乡村教育价值取向及对未来的启示 [J]. 教育学术月刊，2009（11）：12-14.

知识与技能的过程。佩里也认为，教师专业发展意味着教师个人在专业生活的成长，包括信心的增强、技能的提高、所任教学科知识的不断更新拓宽和深化，以及对自己在课堂上为何这样做的原因的强化。

著名学者叶澜等认为："教师专业发展就是指促进教师专业成长或教师内在结构不断更新、演进和丰富的过程。"于泽元则认为教师专业发展"强调教师个体知识、技能的获得以及教师生命质量的成长"。教师专业发展不仅是一个过程，也是教师专业学习过程的结果。台湾学者饶见维认为："所谓教师专业发展，是指一个人经历职前师资培育阶段，到在职教师阶段，直到离开教职为止，在整个教职生涯中，都必须持续学习与研究，不断地发展专业内涵，以逐渐迈向专业圆熟的境界。"他强调了教师专业发展是一个连续性和动态性的过程，具有持续性和研究性的特点。

综合以上多人的研究成果，我们了解到，教师专业发展是教师不断接受新知识、提高自身专业素质的成长过程，在这个过程中，教师通过不断的学习、反思和探究来提高专业水平，从而达到完善自我的目的。教师专业发展强调教师的终身学习和终身成长，是职前培养、新任教师培养和在职培训的整个过程。对教师专业发展的理解，不仅要关注教师专业发展的结果，即获得履行教学功能的知识、能力和品性，转变为强调教师专业发展的过程，即教师的终身学习，还要关注教师专业发展的目的，即发挥教师的自主意识，教师主体要主动发展并参与社会变革。

第二节　乡村教师专业发展文献综述

教师专业发展一直以来就是一个关注度较高、成果较多的、具有现实意义的研究主题，尤其当乡村振兴战略提出后，乡村教师专业发展就成了热度最高的几个乡村教育研究主题之一。笔者以"乡村教师专业发展"为篇名或以此为主题进行模糊搜索，在中国知网上共检索到文献914篇；搜索"农村教师专业发展"显示文献总数达4079篇（数据截至2020年4月）。从论文发表的年度趋势图来看，总体研究热度呈稳定上升趋势。通过梳理发现，文献中关于乡村教师专业发展和乡村教师队伍建设、乡村教师培训、专业成长等研究占比重大，关于乡村教师专业发展路径的研究、根据乡村教师支持计划构建支持体系的相关研究较多，论述乡村教师专业发展的现状和困难，分析其制约因素，并提出相应对策建议的论文较多。同时，对某地区乡村教师的专业发展进行的个案研究多，以一线乡村教师的角度出发做的叙事研究也占了一定比重。

一、乡村教师专业发展的困境分析研究

目前，已有的有关我国乡村教师专业发展的研究成果颇丰，其中有关其专业发展的现实困境及其原因、影响因素的分析各有侧重，关注较多。尤其可喜的是，越来越多的专家学者开始加强对我国老少边穷岛地区乡村教师专业发展的关注，如石寒月等所撰写的《边疆地区教师专业发展的困境及对策》、刘华锦的《西部乡村教师专业发展的困境与对策研究》、吴景松的《信息技术支撑的贫困地区教师专业发展的困境与对策——以滇西连片贫困地区为例》等，其分析紧紧围绕地方特色有着独到的见解。此外，以个案分析的形式开展的研究较多，如郑小燕的《农村幼儿教师专业发展的困境及对策研究——以四川省安岳县为例》、王丽娜《农村中小学教师专业发展困境及对策研究——以泰安市岱岳区为例》、杨燕萍《农村小学女教师专业发展的特点、困境与对策研究——以甘肃省平凉市崆峒区 S 乡为例》等。

梳理众多文献之后发现，专家学者们普遍认可目前我国乡村教师专业发展整体较弱，专业素养有待提升，主要困境包括外部环境不理想（如城乡结构不合理、外部支持薄弱、各类体制机制不完善等）和教师主体整体素质不高（如发展意识不强、教研能力弱、职业理解偏差等）两个大的方面，其中寻求自身专业发展的内驱力严重不足。陆道坤在其《师德"失范"现象折射出的教师专业发展困境与思考》一文中通过对于师德"失范"现象的反思，认为当前乡村教师从专业情感的层面来看，过重的物质和精神压力使教师们的职业认同经受考验；从专业理念层面来看，"应试教育理念"导致教师们思维僵化、片面；从专业知识层面来看，乡村教师知识体系普遍欠缺完整性，存在滞后性；从专业能力的层面来看，乡村教师专业能力建构普遍缺乏系统性和科学性；加之国家制度不完善和教师自身态度能力的欠缺最终导致师德"他律"与"自律"的低效。其理论分析角度独到，贴合实际。王淑宁通过调研发现了乡村教师群体中目前普遍存在的"专业伦理、专业知识结构、能力

发展"等几大方面的不足，并由此得出"支持性资源匮乏观念落后动力缺失、培训低效"的原因①。

　　袁桂林、刘雄英等人则从乡村社会、学校和教师队伍内部等几大要素来进行探析，认为乡村社会环境较差、教师工作压力与待遇的矛盾、乡村学校管理不当、专业引领缺失、教师队伍结构不合理等也是导致其专业发展受阻的因素。总的来说，究其原因，大致可以将阻碍当前乡村教师专业发展的限制因素划分为包括乡村教师个人内部因素及社会、学校和政府等在内的外部因素两个部分。这两个部分因素相互交织带来极大的消极影响，形成的恶性循环对乡村教师的专业发展产生重重阻碍。乡村教育在偏远贫困地区受重视程度一般，乡村教师的地位及社会认可度不高，进一步影响了乡村教师本身的职业认同感和专业发展提升的积极性；临聘教师占教师总数比重较多，乡村教师的编制和工资收入、福利待遇等需求还有待进一步满足，这种情况长期持续对教师的工作积极性有较大影响，不利于教师队伍的稳定和持续性培养和跟进；部分地区由于教师严重缺乏，代课现象普遍，导致教师人均承担的教学任务过于繁重，课业负担大的同时非教学活动的事务繁杂，教师职业倦怠感渐强，学习热情被消磨，必然疏于教师个体专业素质的拓展提升；偏远贫困地区政府和当地学校促进教师专业素质提升重视程度仍然有待提升，学习和交流的环境和氛围营造还不够，国家政策的下达和落实程度不够，很多地区的教师培训和常规交流活动流于形式，缺乏针对性和实效性，意义不大。

二、乡村教师专业发展的支持路径研究

　　当前有不少针对教师专业发展的理论研究，关于专业发展支持路径的研究也不少，但是着重于乡村教师专业发展的还不是很多，《乡村教师支持计划（2015—2020年）》作为国家宏观层面出台的政策固然对于发展乡村教师队伍有着统领全局的重要作用，也有诸多专家学者在文件指示下从具体的实施细则出发，对未来乡村教师支持工作和专业发展支持的具体路径提出了自己的设想。从宏观制度制定来看，张兴友从"划分区域、工资待遇、职称评聘、

---

① 王淑宁.新型城镇化背景下乡村教师专业发展的社会支持研究[J].中国成人教育,2016(20)：131-134.

培训教育、教师流动、落户制度"等六方面出发，提出了在未来具体实施支
持计划的可行性路径[①]；李静美认为要从乡村教师个人着手来开展路径分析研
究，要促进乡村教师专业发展就必须要满足教师个体内在的学习需求和农村
教师这一特殊身份的特殊需求，并据此提出了自己的想法[②]。刘星则认为，实
现乡村教师专业成长的途径是制度支持、文化整合、"生命关怀"及"精神
自治"。只有如此才能促进乡村教育系统的生态发展，推进乡土文化的传承
与重塑，振兴乡村教育。他提出，乡村教师的专业成长是融"乡村性"与
"乡土性"于一体的成长，并且分别又有"内源力"和"外援力"两种动力
机制在影响着乡村教师的专业成长行为，共同作用下才可能有效实现教师的
自我主动发展，二者缺一不可[③]。简单机械式地采取和城镇教师同样的评价标
准，对于身处特殊环境的特殊身份的乡村教师来说可能并不适用。在为乡村
教师提供支持的过程中要始终关注这一职业的特殊性，不能够仅仅关注"教
师"这一职业的简单定位，还应该综合乡村教师特有的乡土内涵，对其进行
分析。

乡村教师专业发展体系的构建和完善是很多专家学者认为目前积极有效
的支持路径之一，只有通过体系构建为乡村教师提供强有力的体制机制保
障，才能够更加合理有效地促进乡村教师发展。相关文献和研究成果较多，
如通过分析乡村教师专业发展的矛盾、特点，吴亮奎提出了乡村教师专业发
展的社会支持体系主要由专业价值支持、专业制度支持、专业信仰支持、专
业文化支持四部分组成[④]。吕亚楠就根据此提出了诸如资源合理利用与整合、
考察当地教师实际需求、规范培训行为和鼓励开放式合作等具体措施[⑤]。范玥

① 张兴友.乡村教师支持计划的实施路径 [J].教学与管理（中学版），2015（12）：9-10.

② 李静美."需求—满足"模式下的农村教师专业发展 [J].教育观察（上旬刊），2013，2（6）：
53-57.

③ 刘星.乡村振兴战略背景下乡村教师的专业成长：根本属性、特殊性及其路径 [J].教育理论
与实践，2018，38（23）：37-39.

④ 吴亮奎.乡村教师专业发展的矛盾、特质及其社会支持体系构建 [J].教育发展研究，2015，
35（24）：47-52.

⑤ 吕亚楠.乡村教师专业发展支持系统的现状分析及重构 [J].教育理论与实践，2016，36（17）：
22-24.

和王柏慧以"国培计划"为背景的相关研究也得出相似的结论[①]。李森和崔友兴也通过对我国西南四省市乡村地区现状分析，总结提出了机制创新、进一步加强宏观层面对于乡村教师物质支持力度、强化文化引领关注乡村教师幸福感心理状态等建议[②]。王艺娜则在其《乡村教师专业发展支持体系的困境及构建》中分析当前我国乡村教师专业发展支持体系面临的主管部门职能缺失、体系基础薄弱、体系内外部利益冲突和教师培训行为缺乏有效管理等几个方面的突出问题[③]。还有学者另辟蹊径，在探讨乡村教师专业发展时从承办培训者的角度出发，总结分析了当前存在于部分高校承办教师培训工作人员队伍建设中的突出矛盾，进而针对性地提出培训者专业成长的路径，强调高校对于教师专业发展的重要意义，强调在教师素质培训过程中高校教师的作用需要进一步提升，高校教师尤其是培训教师在日常工作中应该积极探讨基础教育教学实践活动，并树立面向基层教育的服务意识，着重关注为基础教育工作者提供教育培训的团队建设等。

三、现有的研究述评

根据国内研究来看，研究者们对于乡村教师专业发展及支持路径相关研究成果日益丰富，关注的具体问题和切入点也各有不同。纵观收集到的现有论文，包括以下三方面。

第一，乡村教师的专业发展问题仍旧需要继续加深关注。目前从整体上来说的教师专业发展的理论研究众多，但有关于城镇学校和教师的研究占了其中很大的部分，围绕偏远地区，尤其是远离城镇条件恶劣的农村地区的教师专业发展研究的专家及其专著仍旧不多，而乡村振兴战略实施过程中容易忽视、需要给予支持和有诸多问题亟须解决的也恰好是这些地方。

第二，从整体来看理论研究偏多，期待更多基于计量分析的高质量的量化实证研究。随着乡村振兴战略的不断推进，新的矛盾将会在乡村教师专业发展中不断涌现，在改革教师专业发展的道路上，需要更多专家学者深入研

---

① 范玥，王柏慧."国培计划"下的乡村教师专业发展支持服务体系构建研究 [J]. 中国成人教育，2016（19）：134–136.

② 李森，崔友兴. 新型城镇化进程中乡村教师专业发展现状调查研究：基于对川、滇、黔、渝四省市的实证分析 [J]. 教育研究，2015，36（7）：98–107.

③ 王艺娜. 乡村教师专业发展支持体系的困境及构建 [J]. 教学与管理，2019（16）：4.

究获得更多的真实案例和数据，以此来帮助国家更清晰地了解到我国乡村教师专业发展的现状和各个阶段出现的新老问题，通过不断地科学反思和原因分析，找准未来我国教师专业水平的发展走向和变化趋势。

第三，研究视角有待继续拓展，专业发展的支持体系内部探究有待继续加深。目前，从社会支持和社会外部层面呼吁完善和构建教师专业发展支持服务体系的论文还不多，尤其是由于乡村教育发展问题的历史性和复杂性导致许多有关研究视角较狭窄，关注乡村教师专业发展支持服务的更是少之又少，从政府、高校和社会机构等支持体系内部构成主体的角度切入，单独分析并系统论证的几乎没有；就高校支持的角度而言，目前已有的众多研究中对于这一方面仅做简要介绍，或简单地将"高校支持"同"国培""省培"等形式的教师培训等同起来谈，使之内涵大大缩窄，对于问题的分析还不够深入。此外，基本上都只是在国家支持政策实施的具体负责对象等方面进行概述，对这一部分的专门研究基本还属于一个值得探索的空白领域。

第三节　乡村教师专业发展的现状

一、乡村教师专业发展的现状调查

（一）政策分析

1. 政策简介

《乡村教师支持计划（2015—2020 年）》（简称《计划》）是国务院办公厅于 2015 年颁布的部署乡村教师队伍建设工作的指导性文件，是国家颁布的关于乡村教师的政策文件中最新的一项。多年以来，党和政府对于乡村教师队伍一直予以高度关注，出台了很多政策文件，力求实现乡村教师"下得去""留得住""教得好"。《计划》体现了国家对于乡村教育及乡村教师的态度，在《计划》下达之后，各省（自治区、直辖市）也迅速做出反应，相继出台了对该文件的实施办法。接下来主要采用内容分析法对各省（自治区、直辖市）等出台的实施策略进行分析，旨在分析各省的实施策略及各个地区策略的异同。

2. 分析方法

对政策的分析主要采用内容分析法开展，内容分析法是按照一定的规则，将传播媒体的内容系统地分配到各个类目中，并使用统计工具对包含在这些类目中的关系进行分析，其目的是弄清分析对象中本质性的事实和趋势，揭示其中所含有的隐形内容，对事物发展作情报预测。本研究严格按照内容分析法的步骤，首先依据研究问题选择样本，然后选择分析单元并设计类目表格，接下来进行信度分析，信度检验合格后再根据设计的类目对内容进行归类统计，并利用数据分析工具对统计的数据进行客观、系统、量化的描述并得出结论。

本研究选择《计划》颁布之后，各个省（自治区、直辖市）相应出台的乡村教师支持计划实施方法为研究的样本，全国共有34个省级行政单位，其中由于香港特别行政区、澳门特别行政区和台湾地区未找到颁布的措施文件，因此样本总量为31。各个省级行政单位下达的文件都为促进乡村教师发展提供了若干措施，本研究把31个省级行政区划单位所提出的措施作为分析单元，共划分类目4个，子类目46个，对全国各地对乡村教师的支持策略进行较系统、全面的分析。

（二）问卷调查

1. 调查目的

设计问卷的目的是了解乡村教师基本情况、发展现状、遇到的困难以及需求，通过对被调查教师提供的信息进行整理分析，以探求实用、具有针对性的解决策略，为乡村教师的发展提供一定的支持，以期提高整体乡村教师的专业素质。为此，在经历文献查阅、向受调查者进行咨询及导师的指导后，编制了《乡村教师专业发展现状调查问卷》。

2. 调查对象

本研究的调查对象主要为乡村教师，调查的范围以徐州周边的乡村中小学为主，所调查的教师所教科目涵盖各个学科，如表2-1所示。

表2-1　问卷类目

类目	子类目
教师基本信息	性别、年龄、教龄、最高学历、学校类型、职称、教师资格、任教学科和学历一致性、师范专业

类目	子类目		
教师工作情况	工作量、担任教学学科数量、工作满意度		
教师专业水平现状	专业理念	专业发展观	
	专业情意	职业认同感	
	专业能力	教学能力、反思能力、科研能力、信息技术教学能力	
教师专业发展现状	发展意识、发展动力、发展方式、发展满意度、学校环境、制约因素		
教师发展需求	困难、需求（能力、方式）		

3. 问卷内容

本问卷由五个部分组成，它们分别是：教师基本信息、教师工作情况、教师专业水平现状、教师专业发展现状及教师发展需求，共计39题，其中38题为封闭式选题，1题为开放式选答题。为了使问卷发放更有效率，本问卷的发放分为纸质和网络两种形式。

4. 问卷的发放和回收

本问卷的发放分为两步进行。首先是前期预测，问卷是根据研究的主题，综合已有的研究经验，在导师的指导下进行编写的。为了防止收回的数据不能满足研究需要，因此，在最终发放之前，先进行了小规模的预测，根据问卷回收的数据对问卷进行分析和修改，再进行最终发放，以期收到满意的数据。本次调查共发放问卷211份，回收的有效问卷193份，回收率为91.5%，其中中学教师占45.7%，小学教师占54.3%。

5. 分析工具

本研究主要采用的统计分析工具为SPSS 22.0和Microsoft Excel 2010。

（三）访谈调查

通过对问卷调查的结果分析，可以了解到乡村教师发展的基本现状及需求。但是，问卷调查法对问题设计的广度和深度是有限的，对于教师参加培训过程中更深层次的态度、学校的氛围及对今后发展的问题和建议等仅用问卷调查很难全面的体现，而开放式问题的回答率通常较低，难以获得预想的结果。因此，在问卷分析的基础上，将问卷中存在的问题及问卷中没有全面体现但又比较重要的方面，通过访谈的形式进行进一步的调查。

访谈提纲的编制包括两个阶段：初拟定阶段和最终形成阶段。在文献分析的基础上，结合问卷题目内容，初步拟定了访谈的主题和基本要点。通过对问卷的分析回收，总结问卷调查的问题及遗漏后，修改并完成最终的访谈提纲。访谈的内容主要涉及教师的专业发展观、阻碍专业发展的因素、对学校开展的培训活动的想法及对专业发展的期待。

二、乡村教师专业发展现状及成因分析

（一）政策难以满足全体乡村教师需求

有很多措施都被多次提及，每项措施被提及的次数及所占比例如图 2-1 所示，通过对《计划》的内容进行分析，我们可以发现以下特点。

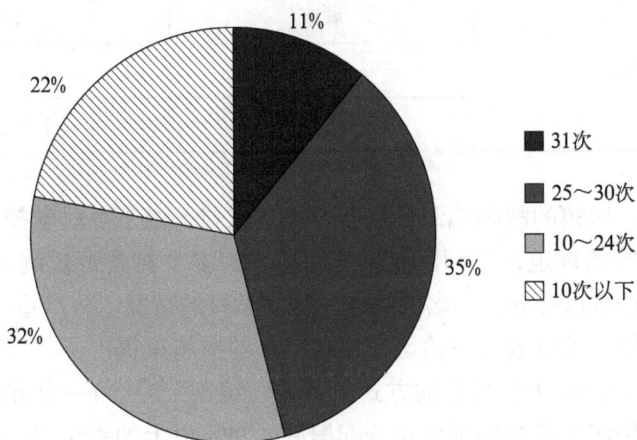

图 2-1　多次提及的措施比例

1. 乡村教师编制不合理是要解决的首要问题

随着我国城市化的推进，乡村人口不断流向城市，人口不断减少，已然低于城镇人口。而城镇多处于平原和丘陵，占地面积远远低于乡村，因此，城镇人口的密度远超于乡村。同时由于城镇学校的设备条件、教学质量等都远高于乡村，很多乡村家庭选择把孩子送往城镇读书，这就造成了本就人口稀少的乡村学校愈加难以招收到学生。

2001 年，中央编办、教育部、财政部《关于制定中小学教职工编制标准的意见》中曾明确给出了中小学教职工编制标准，如表 2-2 所示。

表 2-2　中小学教职工编制标准

学校类别		教职工与学生比
高中	城市	1 ∶ 12.5
	县镇	1 ∶ 13
	农村	1 ∶ 13.5
初中	城市	1 ∶ 13.5
	县镇	1 ∶ 16
	农村	1 ∶ 18
小学	城市	1 ∶ 19
	县镇	1 ∶ 21
	农村	1 ∶ 23

很明显，城镇的教师编制比例普遍高于农村。由于乡村学校学生数量减少，根据政策的规定，教师配置也应缩减，许多乡村教师被调动到城镇中，乡村学校课程难以开齐，一名教师兼任很多学科的情况十分严重。

在《计划》及各省（自治区、直辖市）的措施里提出了"人口稀少教学点按生师比和班师比相结合的方式配备教师编制"，从另一个方面着手解决问题，不再拘泥于传统的师生比分配编制。74% 以上的省份提出了"统一城乡中小学教职工编制标准"，与上述措施相结合，既可以普遍提高乡村学校的教师配置，又可以保证学生数稀少的教学点的教师配置，兼顾了宏观和微观，在很大程度上缓解了乡村教师编制不足的问题。

2. 提升乡村教师待遇是乡村教师支持计划的另一大要点

长期以来，在乡村教师队伍建设方面往往存在一些误区，要求教师无私奉献，而不顾教师的待遇、工作环境等实际需求，这是违反人类生存发展常理的。这也就导致了人们不愿选择乡村教师职业；一些乡村教师也将千方百计调离出去，而教学质量不高的教师，则将会安于现状。因此，要加强乡村教师队伍建设，遏制城乡间教师不合理的"单向"流动，稳定乡村教师队伍，调动乡村教师的工作积极性，就要特别注意提高乡村教师的社会地位和经济待遇，改善教师的物质生活条件。教师的社会地位，在很大程度上取决于他们的经济地位。保障乡村教师待遇是稳定乡村教师队伍、提升乡村教育质量的关键因素。

3. 对乡村教师素质提升的支持有待加强

在乡村教师提升措施中，只有3项是教师素质提升方面的，并且在这三项中，有两项主旨为加强乡村教师的师德建设。可以看出，各省对于将强乡村教师师德方面十分看重。而剩余一项措施为确保对乡村教师进行定量的培训，这说明国家对于乡村教师的素质提升是十分认可的，而在提升的途径上还是以培训为主流。

对乡村教师进行培训的这项措施有三个关键词，分别是"360学时"、"5年"及"全体"。它们分别对应了培训的量、培训时间、培训对象，之所以会对此进行强调，是因为长久以来，乡村教师的培训由于受到了资金、人力、地域等影响，培训尚存在一些问题，一些学校只能选派部分教师参与培训，而参与培训的教师与未参与培训的教师之间没有充分的交流沟通，只有部分教师享受到了培训。而各省的计划明确指出，对乡村的培训要覆盖到每一位教师，并且保证5年内完成对所有教师的360学时的培训。由此可以看出，对于乡村教师全员进行培训是国家下一步必将进行的工作之一。

综上所述，作为一项国家政策，《计划》提出的措施多集中于宏观层面。由于我国地域辽阔，各省经济水平不同，东西方差异较大，《计划》必须兼顾到全国乡村教师的发展情况，率先要解决贫困地区乡村教师的人数少、待遇低、环境差等问题。对乡村教师的培训方面还处于保证培训的量与覆盖到每个人的层面，对培训的质量及内容无更加明确的要求，这对发展水平较高的乡村学校教师来说，支持的力度远远不够。

（二）职业倦怠感较强

职业倦怠，又称工作倦怠，是20世纪70年代美国学者费登伯格在研究职业压力时首次提出的，指在职业环境中，对长期的情绪紧张源和人际关系紧张源的应激反应而表现出的一系列身心综合征，是一种个体无法应付外界超出个人能量和资源的过度要求而产生的身心耗竭状态。而对于教师来说，职业倦怠直接影响到了教师的身心健康，成为教师厌教和教师流失的重要原因。乡村教师结构不稳定、教师师资流失严重，与乡村教师的职业倦怠感强烈密不可分。与城市教师相比，乡村教师更容易产生职业倦怠感，原因有以下几个方面。

1. 工作压力较大

与城市教师相比，乡村教师有一个显著的特点是师资力量薄弱，教师人数少但教学课程却要全面开展，这就导致了每位教师的教学任务十分紧张。

经过调查，超过半数的乡村教师每周课时量在 13 节及以上，平均下来每天基本有 3 节课，占用接近半天的时间，课时量不包括早晚自习与担任班主任的教师开展的班会。并且教师不可能只在一个班级任教，数据显示，在受调查教师中有 72.3% 的教师至少担任两个班级的教学，职业特性导致了教师要对同一个教学内容进行反复的讲解，任教时间越长，教师就越容易产生腻烦的心理。

而在课余时间，教师要批改学生作业、备课、参与学校组织的课例研讨、教研活动、观摩其他教师的课程、参与其他各种活动，有时领导还会对课堂进行突击检查。庞杂的事物将乡村教师的工作时间塞满，有时还会影响到教师的课余时间，较大的压力使教师的心里愈发疲惫，难以将注意力放在教育教学当中。通过调查，有接近半数的乡村教师认为自身工作量太大，感觉非常辛苦，31.4% 的乡村教师认为自己的工作量比较大，只有一些空余时间。巨大的工作量不仅会使乡村教师的职业倦怠感增加，也会拉低乡村的教学质量。

2. 教学科目繁杂

与城市教师相比，乡村教师还有另一显著的特点就是常有一人兼任数门学科的情况发生。经统计，被调查教师中，有 82.3% 的教师曾担任过 2 门及以上的学科教学，一人身兼数门学科教学是乡村教师工作的常态。但目前我国教师职前教育基本是分学科培养，教师资格证的颁发也是依照不同种类的科目给予，这也是对教师教育教学能力的一项重要评定。

乡村教师在入职前并没有学习过其他科目该如何开展教学，但绝大部分乡村教师都需要教授两门以上的课程，教授的科目与职前所学专业的不匹配导致乡村教师需要花费更多时间对该科目进行了解。"教非所学"的情况一方面会加重乡村教师的备课、学习负担，另一方面会让乡村教师产生负面情绪，加剧产生职业倦怠感。

3．待遇环境较差

与城市学校相比，乡村学校环境艰苦、教学条件较差，工作压力更大，但与之相反的是，乡村教师的福利待遇却比城市要低很多，职称评定困难，对乡村教师来讲，论文发表这种硬性要求很难达到。经过统计，乡村教师在工作中面临的问题，排名前三的是工作量大、待遇与工作量不成正比、难以适应新的教法和教材。这说明，乡村教师工作量和工作环境已是一个在乡村学校普遍存在的问题。

经过国家的不断努力对乡村教师进行支持，职称评审等方面已开始向乡村教师倾斜，对乡村教师也有一定的经济补助，不过总体来讲，乡村教师的经济收入仍比城市教师低，而且通过对乡村教师的访谈可知，对乡村教师的补助只有几百元，对比乡村教师的付出程度，在经济飞速发展、物价不断上涨的当今社会，补偿的力度算不上很大。

4．学生难以管教

乡村学校的教学与管理是密不可分的，而学生管理是教学管理中重要的一部分。近些年来，乡村教师普遍认为现在的学生比以往更加难以管理。通过调查可知，70.93%的受调查教师在与同事交流时，探讨的话题内容主要是学生管理，这说明学生难以管理对乡村教师来说已经是一个比较严重的问题。究其原因，本研究认为主要有以下三个方面。

①学生更具个性。传统的师生关系模式是以教师为主，学生是知识的接受者，教师是知识的传播者，学生以教师为权威，不敢对教师有任何反驳。然而随着时代的发展，信息化促进教育不断变革，师生之间的关系也发生了巨大的变化，教师不再是教学活动的领导者，新型的师生关系要以学生为主体，尊重学生的个性化发展，教师的地位被削弱很多。学生的个性化发展是教育发展的趋势，尊重每一位学生，对促进教育公平有很大的作用。但对于教师来说，学生的个性化发展意味着教师的任务与压力更加巨大，要关注每一位学生的个性，关爱每一位学生，满足每一位学生的学习需求。中小学学生尚未成年，正是活泼好动，思维跳跃的时期，管理起来更是难上加难。

②家长关心不到位。学生的教育一般由学校教育、家庭教育、社会教育三个部分组成，其中最受外界重视的就是学校教育，对中小学生来讲，家庭教育常常会被忽视，但是家庭教育对学生的影响无可取代，对学生的学习习惯、注意力集中、理解力及表达能力等养成影响很大。然而乡村的现实情况却使乡村学生的家庭教育缺失，由于乡村大部分青壮年人前往城市打工，留

守儿童较多，留下的孩子都由老人管教，老人几乎没有什么教育观念，对孩子比较溺爱，导致学生的基础学习能力没有养成，学校学习效率也就大打折扣。正如访谈中C老师所讲"学生的注意力难以集中，在家家长放养，学生没养成好习惯，上课坐不住，静不下心，平时课外阅读量少，理解能力不强，还有的家长不管孩子却拼命要孩子上辅导班，导致孩子产生了厌学情绪"，学生没有养成良好的学习习惯，上课不认真听讲，学习意识较差，有的甚至扰乱课堂，导致管理难度加大。

③教师理念陈旧。在乡村，仍有许多教师，尤其是中年教师，还未将教师的角色进行转变，对学生采取严厉的管理，以一个高高在上的姿态对待学生，引发学生的逆反心理，反而使学生管理适得其反。对学生的管理应当张弛有度、以柔克刚，用教师自身的人格魅力与道德修养使学生折服，《论语》中有"其身正，不令而行；其身不正，虽令不从"，只有教师自己拥有广博的知识和高尚的品德，才能感染学生。同时，学生比较讨厌大道理说教，教师应当与学生拉近距离，站在学生的角度思考问题，在生活中以一个朋友的身份与学生相处。做到了这两点，学生管理才能较好地开展。

（三）专业发展资源匮乏

乡村学校教师的专业发展资源的问题主要表现在三个方面，分别是缺乏名师专家指导、教学资源较少及培训问题较多。

1. 缺乏名师专家指导

与城市相比，乡村的地域辽阔，学校位置分散，再加上交通不便，学校用于提升教师素质的资金也较少，因此，邀请名师及专家到学校里指导是一件困难的事情。通过调查，只有17.92%的乡村教师认为自身现有的教学知识与能力得益于与名师或专家之间的交流。通过对教师的访谈，了解到徐州地区的乡村学校每学期都会派遣几名教师到市里参加名师专家的培训，具体培训方式是讲课，基本每一名教师一学期会轮到一次，在培训结束后参训教师与专家和名师并没有什么交流。这说明两个问题，一是乡村教师与专家的交流机会较少，每学期一次的频率实在太低；二是交流的效果并不好，在听过课程之后，教师与名师或专家也没有任何联系，交流就完全结束了，培训的内容是否有被参训教师真正的吸收转化，很值得大家怀疑。

2. 教学资源较少

城乡教育资源向来分配不均衡，乡村学校存在封闭性、边缘性、落后性等特点，信息闭塞、资料短缺，可供参考的资料较少，缺少优质教育信息资源，乡村教师不会或很少使用互联网查阅资料、制作课堂教学辅助课件的情况极少。造成乡村教学资源匮乏的原因主要在于两个方面。

①学校层面。学校没有向乡村教师提供优质的资源，学校对教师提供的只有教材与教案，有的科目的教材，如英语，会配一套与教材相对应的光盘。访谈中有教师称"上级教育部门要求学校统一买视频课件给老师用，但是学校不想花钱买，所以暂时没有什么其他教学资源"。这说明两个问题，一是乡村学校比较困难，资金不足；二是乡村学校对教师的发展不够重视。

经过调查，36%的受调查教师认为缺乏政策与保障的机制是自身进行专业发展面临的较大难题，是所有问题中从高到低选择人数排名第二的。与上文中的分析一致，乡村教师的专业发展存在的问题是多方面共同作用产生的，且存在时间较长，根深蒂固，不是一朝一夕凭借几项政策可以解决的。需要的是社会各界的共同努力，经过漫长的时间，逐步进行改善。虽然，我国已对乡村教育高度重视，对乡村教师进行了一定的补助和支持，但对于教师的专业发展来说，仍没有完备的保障机制，导致学校没有足够的资金为乡村教师的专业发展提供支持。同时，学校领导的思想也没有完全转变，认为教学资源不重要，不愿意为乡村教师提供优质的教学资源，对教师专业发展不重视，这也是近些年来部分地区逐渐对校长开展培训的原因之一。

②教师层面。学校没有为乡村教师提供优秀的资源，教师只能自己去搜寻。如今，随着网络技术的不断发展，数字化资源成倍增长，网上有很多优秀的数字资源不断涌现，不论对教师个人专业发展还是对课堂教学都有很大的益处。但乡村教师的信息技术水平能力较低，一方面不能高效地搜寻教学需要的数字资源；另一方面网络上数字资源可以以海量计算，乡村教师在搜集资料时，往往难以筛选出自己需要的资料。

3. 培训问题较多

参与培训和进修是乡村教师进行专业发展的一个重要方式，培训和进修是乡村教师偏好的专业发展方式中排名第二的方式。通过调研与对文献的归纳总结，乡村教师专业发展的方式可分为三个层面：学校层面、教师团队层面和个人层面。学校层面的方式包括各种长期短期的培训、开展讲座、进修、听公开课等；教师团队层面的方式包括教师的集体备课、同事间交流协作、互相听课评课、校内研讨、校内教学比赛等；个人层面的方式则包括阅读各种报刊文献书籍杂志、自我反思、撰写教学总结、使用数字资源进行学习等。其中，以容易宏观调控进行排名的结果是学校层面、教师团队层面、个人层面。因此，上层教育领导部门更着重以学校层面的方式，即开展各种培训和进修促进乡村教师发展。侧重于学校层面的方式是否科学合理暂且不谈，仅从各种培训与进修来看，存在着许多的问题。

①培训机会较少。通过调查可知，参与调查的乡村教师近五年来参与次数最多的是学历进修和校本培训（54.39%），其次是骨干教师培训（39.77%），在线远程培训（33.92%）也逐渐成为乡村教师培训的一个重要方式。但从培训的种类来看，学历进修的主要目的是为了提升学历层次，骨干教师培训是针对学校中的骨干教师开展的，培训的广度较小。因此，众多乡村学校的普通教师只能通过校本培训和在线远程培训进行专业发展，但由于客观条件的限制，乡村教师很难长期、高频率地开展集体培训。通过对乡村教师的访谈，徐州市某乡村小学的教师，不算上与名师专家交流经验，近三年来仅参加过不到五次培训，培训的内容也比较单一，只是对信息技术能力进行的初步培训。在"个人专业发展的过程中，面临的困难有哪些"这一问题上，选择人数最多的是培训机会较少（43.6%），这说明，乡村教师专业发展的愿望十分强烈，而学校由于缺乏经费、不重视教师专业发展等原因提供的培训机会较少，并不能满足乡村教师的需求。

②培训方式较为单一。乡村教师的培训较多采取的是集中授课，使用的仍是传统的教学方式，一位专家或优秀教师在上面讲授，参训教师在下面听，这种单方面知识传递的教学方式很难引起学习者的学习兴趣。培训者的教学理念比较陈旧，没有充分意识到教师是一个成年人，成人学习者与中小学生相比有很大的区别。成人的学习背景比中小学生要深厚很多、学习风格更偏向于结合实践的案例分析、学习能力较强、思维方式较为成熟。因此，针对成人的教育要符合成人学习者的特点，不能采取与中小学教育相同的教学方式。

③培训内容与乡村教师真正的需求不符。培训内容是培训最重要的部分，对培训的效果有直接的影响。在进行访谈时，教师对培训内容的看法是"培训内容都是由上级领导制定的，老师只是被动的参加，内容的制定没有教师参与，有些培训具有实用性，有些培训就只能当作是拓宽知识面了"。对乡村教师开展的培训，缺乏系统层面的设计，培训的内容互相之间关联较少，忽视了教师的原有知识基础，导致出现为了完成上级要求而开展培训的情况发生。培训达不到预期的效果，对教师的教学及自身专业发展帮助并不是

很大。

受调查教师现阶段最想提高的专业素养是信息化教学能力，其次对专业知识、教学能力、管理能力及科研创新能力的需求比率差距并不大，这说明乡村教师的专业发展需求是多方面的，相比之下，在经过培训之后，对提高的能力这一选择，比率差距明显，师德培养与专业知识选择比率较高，远远高于其他选项。这表明以往对于乡村教师的培训，注重的是师德培养和教师知识水平的提高，培训的方向较窄，且不能与乡村教师的实际需求良好地匹配。

4. 培训成果容易流失

由于乡村学校教师过少和缺乏经费等原因，很难开展教师的脱产培训，即便开展了该类培训，一次也只能送出几名教师参加。而经过外出培训的乡村教师在返校之后，疏于与同事交流研讨，不仅没有负起将培训成果在校内进行传播的责任，同时由于自身缺乏巩固练习和应用，培训的成果也没有被参训教师较好地吸收转换，久而久之就形成了参训教师应付培训，其他教师忽视培训的情况。之所以产生这种情况，是乡村教师培训的评价方式单一，没有促进乡村教师的终身学习和专业素养的可持续发展，学校内部的教师缺乏交流造成的。

（四）教学交流较少

乡村教师的交流问题体现在两个方面，一是与校内教师教学交流较少，二是与校外专家或优秀教师交流较少。

1. 校内教师教学交流不合理

乡村教师在学校内部的交流可以分为教师之间日常的交流和校内教师通过听课、评课及其他方式进行的教学交流。

通过对问卷的分析，受调查的乡村教师认为自身现有的教学能力主要得益于在教学中的不断摸索和反思（67.05%），而选择率最低的选项是同事间的交流（24.86%）和与校外其他教师进行经验交流（17.92%），这说明乡村教师由于其环境的封闭性，与外界沟通较少，养成了以自我反思和独自学习为主的专业发展习惯。但在被问及在教学中遇到问题时会如何解决时，与同事进行讨论（67.84%）却成了主要的解决方式，似乎前后产生了矛盾。

数据显示，乡村教师同事之间日常交流的内容主要为学生的管理，其次是学生的成绩和教育理念。在教师的专业素养构成当中，学生的管理能力只是其中的一个方面。这表明，教师的日常交流主要探讨的是学生难以管理的问题，站在教师专业发展的角度来看，过于片面，对促进乡村教师的专业发展的意义不是很大。

教师交流的另一表现形式就是听课、评课，观察其他教师的课堂情况，与自己进行对比，会发现平时课堂教学中发现不了的问题。在对其他教师的课堂进行评价的同时，对自身的教学能力也是一种提升。但通过调查发现，原本意义较好的活动在实施的过程中有些变味，某校要求教师每学期必须开一堂公开课，听满十几节其他教师的课，并且听课过后，每位教师都必须进行评价。强制的措施会使教师产生逆反心理，虽然对乡村教师的发展有一定激励作用，但更多的是使教师产生一种疲于应付的心态，加重了乡村教师的工作量，而使交流产生了反面效果。

致使乡村教师校内交流欠缺的原因，其一是乡村教师无人可交流，乡村学校的规模普遍较小，一所学校通常只有十几位教师，同科目的教师较少，教师难以与所教科目相同的同事进行教学交流或研讨。其二是听课流于形式，很多教师将其视为负担，以应付要求的心理看待，导致了乡村教师校内交流较少。

2. 缺乏与校外专家和优秀教师的交流

促进城乡教师之间的交流，尤其是与优秀教师和专家学者的交流，对缩小城乡教师专业水平差距，促进教育均衡发展有很重要的意义。城乡教师交流的目的是促进优秀的教学资源、教学理念、教学方法等向乡村流动，以提高乡村的教育质量。现有的城乡交流方式基本上是选派一定数量的城市优秀教师去乡村支教，同时选取几名乡村教师去城市学校学习。城乡的交流在一定程度上对乡村教师的专业发展起到了推动的作用，但同时产生的问题也较多。

（1）城市选派教师选拔标准低

城市选派优秀教师对乡村进行支教的目的，是将优秀的教学理念与方法向乡村传播。此措施的初衷很好，但在实施的过程中遇到了困难。

首先，城市教师并不愿意去乡村支教。乡村教学环境差，交通不便，没有休闲的场所，有的城市教师的家里距离乡村较远，去乡村支教就意味着要住在那里，而乡村的住房条件也很艰苦。城市教师早已习惯城市的生活方式，不愿意去艰苦的乡村进行教学。为了鼓励城市教师去乡村支教，教育主管部门及学校制定了相关的规定，如对去乡村支教的教师在经济上进行补助、城市教师在职称评审时必须有在乡村任教至少一年的经历等。这些举措在一定程度上为城市教师提供了支教的动力，但效果并不是非常好，多数教师仍不愿去乡村支教。通过访谈可知，"某地区对去乡村支教的城市教师，每个月补助240元，每个学校要派3到5名教师去乡村支教，却仍有许多学校的教师无人愿意，就只能采取抽签的方式进行选择。"这无疑与选派教师去乡村支教的初衷完全背离，不仅不能选派优秀的教师去乡村，反而引发了城市教师的负面情绪。

其次，城市学校不愿意派优秀教师去乡村教学。对学校来说，优秀教师和骨干教师是宝贵的资源，将其送到乡村学校任教，会对本校的教学质量产生一定的影响，进而影响学生的成绩，最终会对升学率产生影响，对整个学校的发展没有任何好处，城市学校并不想做这种"吃力不讨好"的事。因此，有的学校会将一些教学能力较差的教师派往乡村，再一次与城乡交流的目的背道而驰。

（2）城市选派教师没有按照乡村学校需求

乡村学校急需的是英语教师和音乐、美术等副科的专业教师，但城市学校在选派教师进行支教时，并没有调查乡村学校需求什么学科的教师，而是根据自身学校的教师情况进行选择。这就导致了选派的教师与乡村学校不对口，有的城市教师还要去乡村教授与原来不同的学科，发挥不了自己的特长，使城乡教师的交流互助发挥不了效果。

（3）乡村教师没有良好的发挥学习成果

城乡之间的交流是双向的，在城市教师去乡村进行支教的同时，乡村学校也会派几名教师去城市学校进行学习。此活动与教师外出培训有些类似，也与乡村教师外出培训显露出了类似的问题。首先，学习的时间较短。乡村学校的师资向来紧缺，无法将教师长时间的派往其他学校学习，这样会加重其他教师的教学负担。其次，学习内容转化不到位。乡村教师在城市学校跟岗学习后，会开阔眼界，对教学能力有一定提升。但在回到乡村学校后，由于条件所限，新的技能难以施展，无法落实到实践，会使学习效果大打折扣。最后，带动效果差。由于乡村教师师资紧缺，只能选派小部分教师外出学习，而在他们回来后应当肩负起传播所学知识技能的责任，然而由上文可知，乡村教师教学交流较少，因此，学习内容无法得到较好的传播，城乡交流的优点无法得到最大的发挥。

第四节　乡村教师专业发展的制约因素

制约乡村教师专业发展的原因是多方面的，既有社会、政府、学校等的外部因素影响，也关涉教师个人的内部因素，这些因素都会对乡村教师的专业发展产生积极或者消极的影响。细致分析这些原因，是进一步促进乡村教师专业发展的关键。

一、内部因素

教育相关部门为乡村教师提供了形式多样的培训，并鼓励他们在教育、教学方面大胆实践，但受经济基础、地域限制、发展资源、评价体系和缺乏相应的激励机制等因素影响，乡村教师自我仍存在较多问题。在"从个人的角度看，以下各项中影响您专业发展的主要因素是"的调研中，54.71%的教师选择"职业倦怠"，14.57%的教师选择"缺乏动力"，7.97%的教师选择"知识疏浅"，13.33%的教师选择"思想观念陈旧"，9.42%的教师选择"其他"。数据表明，一定程度的职业倦怠和知识与观念更新的意愿不强，阻碍了乡村教师的专业发展。

职业倦怠是指个体在工作重压下产生的身心疲劳与耗竭的状态，教师的职业倦怠会导致教师工作热情低落、积极性低、自信心丧失、自我贬损等，进而影响教育教学的质量。调查中发现，乡村教育中，由于乡村学校缺乏良好的激励机制和竞争机制、教学任务繁重等原因，致使一些乡村教师产生了一定程度的职业倦怠，从而制约其专业发展。

访谈中，有教师谈道："乡村学校中教师专业发展最大的障碍和困难就是职业倦怠。"职业倦怠有几个原因。其一，乡村学校缺乏激励机制，乡村教师自我成长的意愿不强，制约了教师自我的专业发展。例如，职称能上不能下，不管你以后的工作状态如何，不管你做得好与不好，有无贡献，只要到了一定的教龄，职称就可以直接升一级。其二，公办教师，只要进来了，退出去就很难了。这就导致有能力的老师进不来，不能胜任教学工作的老师退不出去。其三，绩效工资奖励力度不大。做与不做，都是拿一样的绩效工资，因此积极性不高。其四，没有竞争机制。只要职称固定了，工资也就固定了。好是干，坏也是干，干与不干，干多少，工资都是固定不变的，那又何必太认真，大部分人都是有这样的想法与惰性。还有职称工资也没有太大的优势，小学一级和小学二级也只差 200 元／月，小学高级和小学一级之间，也只多了 400～500 元，这样的差别不大，有些教师也无所谓，因为他可以通过其他途径来赚取一些钱，所以也不在乎少的这几百块钱……

可以看出，由于激励不够、教学任务繁重等，部分乡村教师对新事物、新需求需做出的教学方式和方法改革的积极性不高，开始出现动力不足的现象。

教师专业发展是一个不断成长的过程，其中就包括知识的不断更新，理念的不断完善。但是由于各种原因，乡村教师的知识与观念更新的意愿不强。

（1）乡村教师知识更新的意愿不强

以教育类知识为例，尽管很多教师学过教育学和心理学课程，但是由于新课改的提出，教育技术、教育方法等方面发生了变化，并提出了新的要求，乡村教师没有与时俱进地去更新自己的教育学、心理学知识。因此，仍有一定数量的乡村教师认为自己在工作当中并不能有效地利用这些知识。调研中，44.2% 的乡村教师认为是"知识疏浅"影响了自身的专业发展。在访谈中了解到，这个知识疏浅并不是说他们的课程知识不足，而是说他们通识类知识欠缺，比如教育学、心理学等知识不足。访谈中也了解到，有部分乡村教师认为，按照正常的教学程序，教过一次，就可以一劳永逸了，缺乏一种创新的欲望，认为没有必要去创新。访谈中，有些老师这样谈道："毕竟教了这么多年书，不带课本都知道上课要讲些什么，书本上的知识还是掌握得比较熟练的了，但是其他学科的知识就涉及的比较少了，比如教育学、心理学之类的知识，我不了解，也没有时间去琢磨，也不善于在课堂中运用，我只要能够把自己该上的课上了，该传授的知识传授给学生就可以了，也不追求什么标新立异，能够把自己上的课上好就已经很不错了……""反正在乡村学校，我的职业生涯也就这样了，更不更新无所谓……"。

同时，在"我能在教学实践中很好地运用教育学、心理学知识"的调研中，了解到乡村教师教育学、心理学知识缺乏，回答"完全不符合"的占调查教师总人数的 0.73%，回答"比较不符合"的占调查教师总人数的 50%，回答"中立"的占调查教师总人数的 27.17%，回答"比较符合"和"完全符合"的分别占调查教师总人数的 17.39% 和 4.71%。也就是说，能够在教育教学实践中较好的运用教育学、心理学知识的教师仅占调查教师总人数的22.1%。

由此可见，多数乡村教师对教学的态度是完成教学的基本任务，也就是说他们执着于完成教科书规定的教学内容，缺乏对其他通识类知识的学习和研究，这将阻碍乡村教师的专业发展。

（2）乡村教师观念更新的意愿不强

调研中，33.33%的乡村教师认为是"思想观念陈旧"影响了个人的专业发展。由于所处环境的影响，部分乡村教师思想观念比较陈旧，对新课改的认识不够，更多的还是按照应试教育的理念完成教学任务，现代教育中"以儿童发展为中心"的理念尚未完全形成。

在"教师基本情况"的调研中已经了解到，乡村教师的年龄在40岁以上的教师占调查教师总人数的46.37%，教龄在10年以上的教师占调查教师总人数的64.5%。在访谈中也了解到，一些教师从事教师职业多年且已步入中年，在思想观念上比较保守，不太愿意接受新事物，如新课改等，还是喜欢按部就班的按照以前固有的经验与想法上课，所以思想观念上的保守一定程度上制约了乡村教师的专业发展。

由此可见，多数乡村教师思想观念相对较陈旧，对新课改较保守，缺少改革的意识和动机，"墨守成规、缺少创造"成为他们生活的常态。因此，乡村教师的思想观念需要及时更新，进而促进他们的专业发展。

二、外部因素

（一）教师地位有待进一步提高

教师的社会地位是指教师职业在社会生活中获得的政治待遇、经济利益和社会声望，是生产力发展水平的标志，与文化背景、社会制度、教育功能的实现程度密切相关。《中华人民共和国教师法》明确规定：教师是履行教育教学职责的专业人员，承担教书育人，培养社会主义事业建设者和接班人、提高民族素质的使命。其社会地位主要由政治地位、经济地位、文化地位构成，明确规定了教师的权益和待遇。《乡村教师支持计划（2015—2020年）》提出了乡村教师荣誉制度的构建框架。《关于全面深化新时代教师队伍建设改革的意见》也明确提出要大力提升教师待遇，认真落实边远艰苦地区的乡村教师生活补助政策，提出要让教师成为人人羡慕的职业。教师地位的高低，往往就会影响教师自我成长的意愿。如果地位不高，那么乡村教师的成长意愿就不高。近年来，国家加大了乡村教师经费的投入，乡村学校的条件也在不断地改善，很大程度上对教师地位的提升起到了一个很好的保障作用。但与其他职业相比，教师的地位仍然显得不够，还有待进一步提高。

在"从社会的角度看，以下各项中影响您专业发展的主要因素是"的调研中，69.93%的教师选择了社会、家长对乡村教师职业的重视程度还不够，社会地位偏低。

访谈中也了解到，由于乡村教师的专业不被认可、乡村地区尊师重教的风气不浓、社会对于教师负面影响的宣传力度过大、现有的就业渠道较多，一些门槛不高的职业的工资都普遍超过乡村教师的工资等原因，导致了乡村教师的地位不高。多位教师在访谈中这样谈道："乡村教师地位不高。在乡村，乡村教师不被重视，许多学生被家长转到城市学校读书去了。""乡村教师地位实际很低。其一，现有的就业渠道较多。不读书同样也能赚到钱，生活得风风光光，在外务工的村民工资都比乡村教师高很多，村民看不起乡村教师这个职业，不尊重乡村教师。孩子呢，也容易被在外务工回家的长辈所染指，认为读书用处不大。经济基础决定社会地位，乡村教师工资低自然被瞧不起，得不到应有的尊重。其二，社会对于教师负面影响的宣传力度过大。教师队伍非常庞大，不可避免会存在害群之马、师德缺失的个例。只要出现媒体就会对此大肆渲染，引起社会过度关注，一竿子打死一群人，降低了学校在社会中的公信力。""我认为乡村教师的地位还是不高，比如家长不尊重教师，学生也没有我们以前那种对教师的尊敬，比如说你教他，他还会跟你好好地说话，但是如果你不再教他了，他就会不理你了。""乡村教师没什么地位。现在乡村尊重教的风气不浓，特别是社会对教师不好的方面过度渲染，对学校的声誉、教师及其各方面的影响比较大。""乡村教师地位低，得不到社会的认可，专业发展也没有得到相应的重视。""当商场的售货员、保险销售人员等，这种门槛不高的职业，工资都普遍大大超过教师工资，教师地位又从何谈起。"

由此可见，以上种种导致了乡村教师地位不高，得不到社会的认可，这直接影响了乡村教师的进取心，其专业发展的意愿不高，从而制约了乡村教师专业发展的积极性。

（二）教师编制不能满足现实需求

调研发现，乡村学校现有教师不能满足学校现实需求，部分学校不得不请代课教师完成教书任务，这不仅影响了教育教学的质量，也影响了教师的整体素质。

（三）经费投入需要进一步加大

教育经费是促进教师专业发展的重要保障。近些年来，国家加大了对教育尤其是乡村教育的投入力度，乡村学校校舍、硬件设施等发生了明显的变化，但直接花在教师身上，尤其是用于提高教师工资收入的经费仍然不够。经费的缺位不仅影响了乡村教师专业发展的积极性，也削弱了乡村教师职业对社会优秀人才的吸引力。在调研中了解到，有51.45%的乡村教师认为是经费的缺位严重影响了自己的专业发展。

（四）工作环境和发展氛围有待进一步改善

良好的工作环境与氛围是乡村教师专业发展的有效保障。调研发现，乡村教师在工作环境和发展氛围方面都不同程度地存在问题，主要表现为教学任务繁重、非教学事务多、生活条件艰苦、尚未完全形成深入交流与合作的氛围等。

多数乡村教师教学任务繁重，超负荷已成为他们的工作常态，乡村教师的脱产进修那更是难上加难，这些都直接影响了他们专业发展的质量。在"从学校的角度看，以下各项中影响您专业发展的主要因素是"的调研中，认为"教学任务繁重，没有时间参加学习和培训"的教师占到了调查教师总人数的79.35%。

在"乡村教师任教课程数目"的调研中，只任教1门功课的乡村教师占调查教师总人数的10.87%，同时任教2门功课的乡村教师占调查教师总人数的21.74%，同时任教3门功课的乡村教师占38.04%，同时任教4门及以上功课的乡村教师占29.35%。也就是说，同时任教3门及以上功课的乡村教师高达67.39%。

在"您每周的课时量"调研中，每周课时量在8节及以下的乡村教师占调查教师总人数的4.35%，每周课时量在9～15节的乡村教师占调查教师总人数的38.41%，每周课时量在16～23节的教师占调查教师总人数的

44.2%，每周课时量在 23 节以上的教师占调查教师总人数的 13.04%，这表明，有 57.24% 的乡村教师课时量不少于 16 节。由此可知，乡村教师的工作任务是十分繁重的。

繁重的教学任务会直接影响乡村教师的工作热情和态度，使乡村教师无法从心底热爱教育教学工作。访谈中也发现，乡村教师每天实际工作时间均超过 10 个小时，由于编制紧张等原因，致使乡村教师严重不足，人均承担教学任务繁重。

调研中了解到，64.13% 的教师认为非教学事务多，制约了自己的专业发展。乡村教师工作存在大量非教学事务且任务重，主要包括三个方面：一是日常行政要求完成的材料占据教师工作的大量时间。乡村教师在面对繁重的教育教学工作时，还需挤出大量时间来完成上级领导要求完成的行政材料，致使乡村教师无暇顾及自我能力提升和专业发展思考，导致多数乡村教师无法从乡村教育教学工作中寻找到教师职业归属感、存在感和优越感。访谈中，多位教师大倒苦水"我们的课业负担本来就很重，再加上上面的文件，一年到头那些文件每天发，把我们累得要死，发了你就必须得填。你看我们这些资料（老师示意我看他办公室两个大文件柜里面满满的文件资料），你说我们要做多少资料！每天都有填不完资料，我都要一一收齐。每个星期我们都要开会，开会又会重新安排好多的事情，很多人都不愿意当班主任，为什么？因为班主任只是比其他老师少上 4 节课，但是却要做超过 4 节课太多的事，没人愿意当。总的来说就是课业负担太重了，还有就是上级的文件太多了。""像我承担两个班的两门课程，还担任办公室主任，事情比较多，除了正常的上课和批改作业外，还要收集大量的文件和填写大量的表格，应对大量的检查……""我觉得在乡村学校中，教学任务重，工作量大，各种琐碎事又比较多，还有各种各样的检查，应对检查又要准备大量的资料，很累！""作为一名乡村教师，我们每天忙得不是教学，而是准备应付检查的各种资料和低效的各种培训。还要提心吊胆，如履薄冰地划分安全责任，防止出了什么安全事故要自己去背黑锅，'学闹'就是我们的梦魇！"……

从上述教师访谈中可知，上级领导要求完成的行政材料挤占了乡村教师大量的工作时间，制约了乡村教师专业思维的时间。因此，要改变目前乡村教师在专业发展方面的木偶状态，教育行政部门需把握好尺度，提供优质的服务，运用措施来促进乡村教师的专业发展。

乡村教师不仅要从事教育教学工作，还需照顾学生的饮食起居，尤其是学生的安全工作，工作及心理压力大。访谈中，多位老师谈道："学校里面老师的负担非常重，除了正常的教学任务外，还要负责学生成立的兴趣小组、社团、学生住宿、家访、学生的心理辅导等，而且家访都是晚上或者周六周日，占用了老师的休息时间，老师非常累。""乡村教师除了自己的正常教学任务外，还要负担起他们的看管……""学校开展的活动呀，学生的社团工作呀，都需要老师来参与，以及学生的安全工作，卫生工作，这些也都需要老师来监督。现在安全抓得紧，每个星期都要开会，安全的问题强调无数遍，我们的老师下午放学，都要留下来搞半个小时的安全值日，好辛苦。学生只要一出问题，那就是学校的问题、老师的问题，所以学生的安全，来不得半点马虎心理压力过大。这些压力有来自教学成绩、学生管理、家长不理解及无理取闹等，甚至有部分家长将小孩交给老师后，就不再过问，可一有问题，就全都是老师的错……"由此可知，非教学事务给教师带来了过多的工作压力和心理负担。

由于多数留守儿童学习积极性不高，自我约束能力相对较差，而家长基本没有时间与学校沟通配合，造成教育难度增大。在对"教师压力大时会出现愤怒、焦虑、紧张、挫折感及沮丧等情绪，如果您对目前的工作有压力，可能的原因是"调研中，61.23%的教师选择了"学生管理"。访谈中，一位校长这样谈道："目前学校里面留守儿童非常多，80%以上都是留守儿童，而且非常难管。家长会又开不起来，因为每次开家长会到会率只有10%这样，父母都去外面打工去了，来的都是爷爷奶奶辈的，走得动的来一下，走不动的就没办法来了。来了也没办法落实，因为都是些爷爷奶奶辈的来开会，没什么文化，学校的政策没办法落实，听不懂，也不知道怎么做，没办法配合学校开展的各项活动……，学校也是有家访的，每学期家访一次，覆盖率70%～80%，时间是在放寒暑假的时候，校长带队，统一下去家访。但是效果不好，家长还是见不到，见到的还是爷爷奶奶或者外公外婆。也因此，学校也有和家长建微信群的，但是效果也不好。现在言论自由了，在群里面呢，说教育的少，说负面消息的多。比如说学校的不好，说矛盾，说老师不行，学校的不是等，都是些负面消息。总的来说，负面影响大于正面影响，所以我正在考虑要不要取消这个家校微信群。"

第五节　乡村教师专业发展的困境与挑战

一、乡村教师专业发展的困境

（一）乡村学校：办学理念缺乏"为农服务"的思想

改革开放以来，我国乡村教育的发展重视经济社会服务的功能，虽取得一定的效果，但城乡二元结构日益加剧，城乡社会发展的差距逐渐拉大，城乡社会甚至出现对立局面。社会主义新农村建设的提出，对我国乡村教育发展的侧重点和改革的新方向做出了政策指向，强调重视乡村教育建设新农村的作用，充分发挥乡村教育"为农服务"的功能，但其结果是，此时期乡村教育的发展并没有处理好乡村教育价值取向的问题，乡村学校的办学理念、办学目标都以城市化教育为指向，乡村学校以向城市输送更多的学生为唯一办学目标，一味地追逐城市化教育，乡村教育的发展与改革更进一步地朝着城市化教育的方向发展，乡村教育的内涵缺乏、甚至有意忽视乡土文化性，乡土价值与意义被城市化的乡村教育所侵蚀、冲击，乡土价值被忽视、被边缘化，被排斥在乡村学校教育的合法体系中。同样，乡村教育的发展没有与乡村建设相融合，新农村的建设进程中缺乏乡村教育的积极参与，新农村建设似乎与乡村教育无关，乡村教育的"离农"趋势日益加深。

乡村学校的人才培养与需求脱节。乡村学校培养出来的人才不能满足乡村社会经济发展的需要。一是无人才可用。乡村学校的培养目标旨在尽量提高升学率，使孩子们脱离农村进入城市，在城市求学几年后也不太情愿再回到乡村，由此出现的局面是：乡村社会尽其所能投入资金与设施创办乡村学校，培养合格的人才，但同时人才流失严重，无人为乡村学校、乡村建设出一份力，乡村教育的投入与回报极不对称，乡村学校、乡村振兴无人才可用。当前乡村学校的人才培养理念出现一个矛盾：乡村学校的办学目的就是为提高升学率，使孩子们脱离泥土、走出乡村，到繁荣的大城市扎根发展；同时乡村社会人才流失严重，乡村教育与乡村建设急缺人才。我们既不能阻止乡村青少年的进城求学之路，同时也走不出乡村建设人才短缺这一实际困境。二是与所需人才不相称。从城市求学归来的青少年，城市化教育导致青少年出现复杂心理：城市待不住、农村不想待。这些孩子在经历了大城市形形色色的"漂染"之后，浮躁的心使他们很难脚踏实地地融于乡村生活、乡村建设中，在他们内心深处是排斥乡土文化的。乡村教育有限的资源培养出来的人才大批地涌入城市，出现人才的大量流失，同时急需人才的乡村大地面临着大面积人才匮乏的强烈反差。乡村教育投入与产出、回报的不相适应更是加剧了乡村教育投入的矛盾。在有限的资源下，培养出来的人才不能为乡村所用，不能服务于乡村教育事业，导致乡村教育与人才的脱节、乡村学校与乡村经济社会发展的脱节。

（二）乡村教育：限制了乡村教师专业发展

1. 乡村教育盲目城市化，忽视乡土文化的独特性

乡村振兴和现代化进程既是国家政策的导向，也是乡村生活的现实需要。然而，面对农村现代化的步伐，村民们却有一种不适应的感觉。这种不适应之处在于他们在农村现代化道路上只注重满足物质需求，而忽视了内部文化缺失的改善现状。现代教育理念并未完全城市化，而应与农村现代化发展理念相契合。

受城市教育理念的影响，"服务农业"的乡村教育理念并未得到充分落实。新农村建设时期的农村教育改革发展应充分挖掘和发挥农村教育在新农村建设中的作用，但在现实中面临诸多障碍。由于城市教育对农村教育的影响，导致人们对城市教育的盲目跟进，对农村教育缺乏信任。当前，城乡社会发展差距在拉大，城乡教育差距也在拉大。在城市教育中，适应经济社会发展需要的人才培养理念、现代教育技术和方法、优质教育资源等各种条件，提高了人们对城市地区的认识。对教育的自信和城市教育的优越性，吸引着乡村学生为了进城而努力工作，对高等教育的片面追求也越来越强烈。与此同时，农村教育办学理念、人才培养目标、课程知识体系等都在竞相模仿城市教育。农村学校参与农村社会生活的意识淡薄，农村民众对农村教育的不信任感逐渐加深。在现实的压力下，农村办学的目的只是为了提高入学率，把一大批合格优秀的学生送到城市教育；同时，农民对农村教育产生怀疑，进而对农村学校产生排斥和抵触情绪。"落后的本质是人的素质低下。"城乡人才结构和人才素质差距在拉大，城乡社会发展差距也在拉大。

农村教育虽有文化特点，却盲目模仿城市教育。城市文明对乡村文明和乡村社会的影响是片面的。农村教育在培养目标、办学理念、教学内容、教学方法和教学管理等方面与城市教育十分相似。事实上，农村社会发展的特殊性和水平无法支撑包容性城市化中的城市教育，农村社会也无法提供城市教育所在的城市社会所蕴含的思想观念、文化乃至现代情感。城乡教育差距的拉大和教育现代化步伐的加快，助长了农村教育的盲目城镇化。农村教育盲目追随城市教育的影子，忽略了其独特性。"我们忽略了乡村教育的精神是贴近乡村自然，突出自然情怀。村民的生活方式，如在村里工作，以自然为基础的风俗传统，带来了体验。年轻人的自然生活，城市教育无法比拟。"乡村教育逐渐走出乡村，远离乡村文化。乡村教育改革需要回归乡村生活和乡村文化的具体领域。

2. 乡村教育资源配置不合理，经费使用效益不高

目前，我国教育投入不平衡。从区域来看，城乡基础教育投入差距较大，东西部地区投入比例也不同；从教育结构来看，基础教育投资占据了较大份额。在学校层面，学校在师资建设投入、校舍投入、教学设备投入等方面存在较大差距；在农村教育内部资源配置、软硬件设备投资、校园环境建设等方面也存在教育信息化设备投入不平衡、资源配置不合理、教育经费使用效率低下等问题。一是农村教育资源配置不合理。现行农村教育投资体制的实施和资源配置不因地制宜，灵活性弱。大部分地区更注重农村学校住房等物质硬件设备，在学校管理、教师福利与培训、学校活动、教育信息化和现代技术等方面投入较少。二是农村教育经费使用效率不高。在我国，农村教育经费的使用往往缺乏监管。一方面，农村教育专项资金滥用问题十分突出。部分地区农村学校和教育财政部门严重挤占、挪用校舍维修改造专项资金。挪用教职工专项资金和购买学校基础设施，同时挪用和挤占教育主管部门日常经费；另一方面，农村学校经费管理相对混乱，教育收费规范和约束机制不健全，教育经费监督制度不健全不规范，导致经费使用效率低下。

3. 乡村教育总投入较小

农村义务教育经费的保障机制是"中央与地方分项、比例分配"，虽然在一定程度上有效缓解了农村教育面临的经费不足问题，但城市基础教育与农村基本教育的经费差距依然存在。农村教育融资和投资总量较小，难以满足农村学校的融资需求。资金总量偏低带来了农村学校各方面建设资金不足的问题。我们目前正在强调学校的规范化建设，如果资金不足，学校标准化建设的要求就不能满足。

在软硬件投入方面，部分农村破旧学校教学楼无法升级改造，学校硬件设备配置差，软件设备配置陈旧缺失。当代教师和教育信息设备。部分农村学校缺乏提供多媒体教学的设施，信息技术设备不足，部署效果也较弱。在校园文化建设方面，对图书馆和网络的投入不够重视，校园环境无法改善，学生接触到的学习资源有限，缺乏从书本和网络中获取的时代信息。不利于学生知识的拓展，阻碍学生知识的发展、学生开阔视野，不利于学生与外界的接触和联系。这些软硬件设施投入不足，校园环境建设不重视，制约了农村学校的标准化建设和农村学校教学质量的提高。

（三）乡村教师群体的问题所在

1. 缺乏乡村情怀，参与乡村社会建设的意识不强

新农村建设时期乡村教育的功能要兼顾乡村建设的功能，体现在师资上，要求乡村教师除了教书育人外，还要有服务乡村的责任。要将现代化、乡村振兴的理念融入村民生活，发挥乡村学校社会服务作用。然而，目前农村教师参与农村社会生活的意识不强。乡村教师认同感低，缺乏融入当地村民和乡村社区生活的意愿，使乡村教师与乡村社区隔绝，不具有乡土情怀。师资匮乏导致教师无法融入乡村社区的日常生活，导致乡村师资在乡村社会中的作用有限，双方缺乏协同效应，不利于乡村振兴。

农村学校教师缺乏"乡土情怀"。教师与农村社会和社区生活隔绝，没有密切的联系。乡村教师并没有从心里认可他们。他们缺乏乡土本色，因此乡村教师无法融入农村社区，从而导致乡村教师封闭的局面。乡村教师涌入比较频繁。在农村社会，乡村教师不是一支可持续的力量，发挥的作用有限。乡村教师不了解村里的既定传统，也不能很好地应对村民的诉求。教师的做法或观念过于规范和局限，不能被村民完全接受或认可。随着时间的推移，乡村教师在参与乡村社区生活中的作用有所下降，与乡村生活和乡村文化产生了隔阂。乡村教师的形象和作用不足以成为乡村社区生活的核心，乡村教育为乡村经济社会发展服务成为一句空话。

2. 村内教师流动频繁，结构不合理

新农村建设期间，我国加强乡村教师队伍建设，采取了一系列措施，取得了一定成效。但是，乡村教师的问题依然存在，乡村教师的流入量比较大，一定程度上限制了乡村教师素质的提高。作为我国农村教育发展的短板，农村教师队伍建设问题一直备受关注。虽然国家出台并实施了多项乡村教师队伍建设

的优惠政策，但由于城市社会生活和城市文化本身的吸引力，城市教育和城市教育的优越性，以及人们的无知，对乡村文化和乡村教育价值的怀疑，使大多数人即使在政策倾斜和鼓励的前提下，也不愿意长期留在乡村里从事教学工作。

（四）针对乡村教师队伍建设的一系列倾向性政策未取得满意效果

在新农村建设时期，一系列针对乡村教育的倾向性政策在具体落实中并没有取得很满意的效果，一是乡村教师的"特岗计划"和"三支一扶"计划，具体落实中并未取得很好的效果。青年学子通过这一渠道进入乡村学校进行教学只是为了暂时缓解就业压力，在实际工作中教学积极性不高、心浮气躁，造成乡村教师队伍不良的教学氛围，不利于乡村教师队伍的稳定和质量提升，城市教师去农村支教的实际效果较差。二是教师交流轮岗制度在具体落实中出现一些弊端。大部分城市教师对乡村教育的工作普遍存在陌生感，城市教师在乡村学校的教学情况不太满意，实际效果并不好。同时，教师交流轮岗制度也不利于乡村教师积极性的发挥，城市教师以优越者的心态进入乡村学校指导乡村教师的教学活动，工资又比乡村教师高出许多，这就影响到乡村教师教学的积极性，不利于教师全身心投入教学实践中，降低乡村教师的教学质量。三是师范生免费教育培养的人才不一定从事教师行业，对教学工作造成诸多不便，造成教师队伍的不稳定，影响到社会对教师职业的客观评价。

二、乡村教师专业发展的挑战

2018 年 1 月，中共中央　国务院《关于全面深化新时代教师队伍建设改革的意见》，明确提出提升教师的社会地位和待遇，使教师真正成为令人羡慕的职业。从对一些地方的乡村教师专业发展的现状调研结果可以看到，乡村教师专业发展的道路任重道远。进入新时代，要加快推进乡村教师专业发展的进程，不仅需要乡村教师个人的努力，更需要社会、政府和学校等多方面的支持与配合。

（一）落实社会保障机制

1. 完善激励机制

《乡村教师支持计划（2015—2020 年）》指出要建立乡村教师的生活补助

政策，建立有效的乡村教师荣誉制度，建立统一的城乡教职工编制制度，进一步加大教师职称评聘向乡村学校倾斜的力度。各省（自治区、直辖市）政府应全面落实各项中央政策，采取有效推进措施来提高乡村教师的多项补助政策。针对少数民族地区、边远地区及条件特别艰苦地区的乡村教师，中央和各省（自治区、直辖市）政府应采取专项的实惠政策，加大激励政策倾斜力度。

首先，消除乡村教师的后顾之忧，进一步完善和落实乡村教师的养老保险、医疗保险和住房公积金等各项福利政策，有效解决乡村教师住房、重大疾病救助等难题。其次，针对乡村教师的实际情况，实施特殊的生活津贴补助，鼓励乡村教师长期为乡村教育贡献自己的力量。乡村教师的特殊生活津贴不应统一标准，而是依据乡村教师所处地区的艰苦程度及教龄的不同有差别地发放生活津贴，尽可能地为乡村教师创造一个舒适的生活环境。再次，针对乡村教师建立荣誉制度，积极调动乡村教师的积极性，激发他们的工作热情，切实推进乡村教师专业发展。《乡村教师支持计划实施办法（2015—2020年）》也指出，由国家对在乡村学校从教30年以上的教师按照有关规定颁发荣誉证书，由省、县对在乡村学校从教20年、10年以上的教师给予鼓励、表彰，并对乡村教师的生活条件予以改善。

另外，进一步加大对教师职称评聘向乡村学校倾斜的力度，考虑乡村教师的特殊性，灵活对待。例如，可放宽乡村教师职称评聘的条件，非英语专业的教师在评职称时不作英语方面的要求，或有突出贡献的教师，可作适当倾斜等。

2. 进一步提升乡村教师待遇

全面提升乡村教师待遇，有助于解决他们的后顾之忧，加强乡村教师队伍建设，进而促进乡村教师的专业发展。首先，进一步提高乡村教师的工资。工资是教师生活费用的基本来源，同时也是教师安心教育教学工作的基本保障。然而，由于乡村地区经济发展水平较低，以及国家有关政策不能有效落实等原因，导致乡村教师的工资相对较低。2018年颁布的《中共中央 国务院关于全面深化新时代教师队伍建设改革的意见》提出不断提高教师的工资，确保教师平均工资收入水平不低于或高于当地公务员平均工资收入水平。在对样本学校乡村教师的调研中，多数乡村教师表示工资偏低，仅能保障其基本的生活需求，对提高工资有强烈的渴望。较低的工资，也是导致乡村教师职业缺乏社会吸引力的重要因素之一。进一步提高乡村教师工资，是增强教师职业吸引力、改善乡村教师工作环境、提高乡村教师生活水平的有效途径。但是，进一步提高乡村教师工资不能简单地"涨工资"，应根据乡村教师专业发展水平或建立在乡村教师教学质量评价的基础上。教育部门可建立乡村教师专业发展的工资激励机制，一方面，可根据乡村教师现有职称水平，不同层次地提高乡村教师的工资水平，如职称越高，乡村教师的工资相应越高；另一方面，根据乡村教师的教学质量或乡村教师的工作绩效，给予不同的奖励。

其次，进一步完善城乡教师的工资标准和各项津贴补助标准。当地政府要深入贯彻，全面落实上级政府政策，包括中央实施的集中连片贫困地区乡村教师生活津贴政策、省级实施的乡村人才补贴政策；主动克服财政困难，优先改善乡村教师待遇，落实乡村教师补贴、学科带头人岗位津贴，实施乡村工作补贴，重奖优秀教学成果、优秀师德的乡村教师等一系列地方政策；精准支持，建立差别补贴机制。依据乡村教师工作的偏远程度、艰苦程度，给予不同额度的补助，保障越是基层补贴越高，让乡村教师能够留得住、教得好。

3. 提高教师培训的实效性

大量实践表明，培训是促进教师专业发展的有效手段之一。近年来，国家高度重视教师培训，国培、省培、市培等一系列培训都在大力开展，也取得了一定的成绩。但调研中发现，乡村教师培训依然存在一些问题，如培训经费支持不足、培训内容没有考虑乡村教师的实际需求、培训开展的形式较单一等。为此，引领乡村教师专业发展，进一步提高教师培训的实效性，可以从以下几点着手。

①教育相关部门要制定向乡村教师培训倾斜的培训经费管理制度，以此来调动乡村教师的积极性，鼓励乡村教师参加培训，更好地促进乡村教师的专业发展。②培训机构要有针对性地制定乡村教师培训项目。在"国培计划"中单列"乡村教师培训计划"，有计划、有组织地对乡村教师进行全员培训；注重通过培训将部分单学科教师转向全科型教师；增加对美、体、音等紧缺学科乡村教师的培训机会；在培训中适当增加复式教学和小班化教学的相关内容。③培训机构要针对不同层次的乡村教师开展多种多样的培训形式。培训机构可采用任务驱动、同课异构或课题研究等形式来提升乡村教师的专业能力，可组织乡村教师开展经验交流、教学比武或集体教研等活动来丰富乡村教师的专业知识，还可根据乡村教师的实际困难采取送教下乡、网络研修或校本研修等方式来加强乡村教师培训的普遍性。

4．不断增加乡村教师资源供给

国家在《乡村教师支持计划实施办法（2015—2020年）》中鼓励省级政府建立统筹规划、统一选拔乡村教师的补充机制，鼓励地方政府、师范院校根据当地乡村教育实际需求，加强本土化培养，吸引更多的人报考师范类专业，然后回到乡村任教，补充新鲜血液。因此，教育相关部门应拓宽补充渠道，不断引进教师资源，建立健全现有保障体系，留住现有教师资源。

第一，教育相关部门应建立健全现有保障体系，留住现有教师资源。例如，现在很多地区实施了特岗教师计划，通过各种形式招聘了特岗教师，就是一种很有效的资源。进一步落实特岗教师计划，全面落实提高教师的补贴，进一步落实服务期满、考核合格特岗教师的编制，全面落实特岗教师工资补贴政策。特岗教师在乡村学校服务期满后，应统一纳入各省（自治区、直辖市）教师的交流轮岗范畴，进一步完善教师交流轮岗管理制度。

第二，各省（自治区、直辖市）政府和教育相关部门应继续实施国家《乡村教师支持计划实施办法（2015—2020年）》，进一步加大乡村教师招聘宣传力度，并从源头保证新聘乡村教师的质量关。招聘乡村教师（含特岗教师、免费师范生等）实行招聘权与选择权分离制度，首先由缺编乡村学校上报招聘计划，其次由各省市教育相关部门统一组织选拔，最后由缺编乡村学校选择任用。

第三，各高等师范院校应进一步加大免费师范生招生的宣传力度，进一步改革师范生的培养模式，教育相关部门应进一步实施免费师范生定向培养计划，扩大免费师范生的规模。在培养师范生的过程中，进一步加强教育知识技能的训练，注重知识与实践相结合，加强对乡村的认同感教育等。最后，教育相关部门应因地制宜，进一步组织各省市优秀教师开展"送教下乡"活动，鼓励支持优秀教师到艰苦边远地区的乡村学校支教。教育相关部门应进一步鼓励身体条件允许的退休优秀教师和高级技术人员到乡村学校支教讲学，还应给予下乡支教的教师一定的劳动报酬。

（二）构建学校支持体系

1．优化管理机制

调研发现，乡村学校过于行政化，很多事情教师没有话语权。为此，学校方面，应优化管理机制。

首先，进一步加强教师对学校的认同感、归属感，增加教师在教学中的话语权，使教师在自己的专业发展中具有自主的意识。例如，在学校管理中，实行民主管理，赋予教师主体地位，让教师参与学校管理，使其成为学校的主人。

其次，加强教师的精神文化生活。例如，经常为教师举办一些活动，加强他们的精神文化生活，为教师提供活动的场地，改善他们的居住环境，增强教师间的凝聚力，增强教师认同感等。

2. 大力开展校本教研

目前，教研部门和高等院校相关科研人员已进入农村学校开展教育教学基础研究，为农村学校破解教学难题、开展校本教研提供了新契机。经调查，教学研究是促进乡村教师专业发展的一种非常有效的工具。学校的教学和研究有其独特的优势。可能是以学校和教师为主的教研，更有利于强调培训的重要性。为此，农村学校应抓住机遇，大力开展学校教学，化解教师困惑，促进教师发展。

在教学过程中，我们必须重视课堂教师的教学实践。备课是优化课堂教学的前提，直接关系到课堂教学的质量和效果。在调查中，我们了解到，大多数农村教师参加多门课程，时间有限，任务艰巨。他们基本上没有时间准备课程。集体备课是乡村教师的日常工作，不受设备和经费的限制。目前，农村学校集体备课存在很多误区。

首先，要增加教师在听评课中的参与度，在听评课中发现问题、提出问题和讨论问题，以解决问题，最终实现他们的专业发展。其次，农村学校要善于引导农村教师找到适合自己专业发展的途径和方法，让农村教师制定自己的个人发展规划，为他们提供专业的导师和有效的教学实践案例。最后，农村学校要立足当前办学形势，积极寻求与高校合作，邀请学校教育专家指导，传播先进教学理念，传播实用教学技能，共同谋求学校和教师的发展。

3. 加强与城市学校教师的交流

乡村教师的专业发展不仅需要校内的组织力量，更需要全校专业共同体的组织力量。客观上，城市学校的教学环境、教师获得的知识等先天条件优于农村学校，城市教师在教学、科研、教学改革和专业发展等方面的经验更为成熟。因此，乡村教师需要向城市教师学习，加强乡村教师与城市教师的交流。调查发现，城乡学校教师之间的交流很少。一是农村学校条件较差，交通不便，城市教师很少愿意到农村学校工作或交流；二是教育相关部门缺乏保障城乡教师互动的人员编制和福利政策。为此，在保障城乡学校教学正

常开展的前提下，为更好地加强城乡教师校际交流，教育部门应建立城乡学
校教师社区，全面完善校际教师交流制度。相互交流的教师应进行跟踪评估，
妥善解决教师在校际交流过程中遇到的各种困难，促进彼此的专业发展。

（三）增强自主发展意识与能力

1. 发挥主观能动性

作为教育教学实践的主体，教师的专业发展不仅需要外在因素的激励，
更取决于教师的发展意志。作为履行农村教书育人职责的专业人士，教师要
明白，既然选择了农村教师这一职业，就需要树立一种敬业、爱岗的精神，
用好理念。在他们的工作中不知疲倦地教学，不断完善自己，充分发挥其主
观能动性。

首先，农村教师要充分利用农村教育部门提供的专业发展平台，如充分利
用培训教材、精品视频教程、精品课程资源等提供的优质教育。乡村教师作为
教育教学实践的实践者和研究人员，乡村教师需要制定长期和短期的教案。

其次，乡村教师要树立正确的教育信任，在备课过程中，要根据课堂现
状，继续深入研究，对课堂出现的问题进行改进。总之，乡村教师的主观能
动性必须结合内外因素、主客观相结合，中国式管理与现代法治化、科学化
管理相结合，通过规范、丰富的文化进行持续有效的管理，促进教师之间的
公平竞争，达到提高教师工作积极性的目的。

2. 正确认识教学反思

教学反思源于乡村教师专业发展的内在需求。它以教育理论为指导，以
教育教学实践为目标，发现教育教学实践中的问题，并最终妥善解决。调查
发现，由于受不同条件的限制，乡村教师在反映教学方面存在不少问题。一
是乡村教师的教学反映存在偏差，大多数乡村教师自觉反思意识不强。二是
教学反思视角独特。有些教师过分注重对教学成果和教学方法的反映，而忽
视对教学过程和教学理念的反映。三是教学反思缺乏针对性，重视对教学现
象的描述。为使乡村教师了解反思性教学在学习过程中的作用，笔者提出以
下两条建议。

首先，乡村教师要加强教育理论的学习。乡村教师的教学反思不能挖掘
深层次的问题，归根结底是对教育教学理论知识的理解不够全面。只有加
强对教育和教学理论的研究，才能将教育和教学实践中的问题提升到理论
层面，才能将理论知识转化为自身的知识结构，并在教育教学实践中体现

出来。

其次，乡村教师要定期参加学校开展的教学反思活动。乡村学校可以邀请本校优秀教师、高等院校或教研部门专家，帮助教师反思教育教学实践中存在的问题。只有在教育教学实践中发现不足，乡村教师才能在自知和反思上迈出一步。总之，乡村教师需要准确理解教学反思，让反思渗透到教育教学实践的每一个环节，在教学反思中提高自身专业发展水平。

3. 提高教育科研能力

调查结果表明，大部分乡村教师的教育科研能力较低，有待进一步提高。提高教研能力，乡村教师可以从以下几个方面着手：一是乡村教师可以注重教学实践，以提高教学质量，从课程标准、教材、教学技术、教学评价等方面入手，有目的地讨论教学实践中遇到的实际问题，以提高教学效果，不断提高自身的专业素质。二是乡村教师可以通过自主探索或同行交流，将教育教学实践中遇到的问题转化为具体的研究课题，也可以与当地高校学者就改革问题进行交流合作。三是乡村教师还应注重与同行的交流与合作，保持开放的心态，充分挖掘有利于自身专业发展的资源，不断吸取优秀教学经验，借鉴优秀教学成果，不断提高他们的科研能力。

总之，乡村教师要注重教育科研技能的培养，增强科研意识，以接受培训为抓手，创造条件，积极参与学校开展的教育科研活动，提高他们的教育科研技能水平，促进他们的专业发展。

4. 树立终身学习的意识

终身学习是教师必备的基本素质，乡村教师专业发展的全过程要求乡村教师努力学习，不断面对和挑战新的问题和困难。《中小学教师职业道德规范》要求教师认真学习业务，牢固树立终身学习的理念，不断提高自身的职业素质。调查发现，目前乡村学校提供的教学资源非常有限，大部分乡村教师除了教科书外很少阅读其他书籍，终身学习意识也不强。

总之，乡村教师除了阅读自己所教的专业学科书籍外，还要阅读教育学、心理学和现代教育技术相关的书籍，牢固树立终身学习的观念，准确掌握有效的教育教学知识，了解他们所教科目的知识体系，精通所教科目的知识。

第三章　乡村教师专业发展的主要内容

第一节　多学科专业知识

通过对国内外的研究我们可以看出，学者们对教师的知识结构组成有不同的认定。综合学者们的研究成果，结合新时代教师专业发展的新变化，将教师应该具备的专业知识概括为以下几个方面。

一、系统的学科专业知识

教师的劳动是复杂的创造性的劳动，要成功地完成教育教学任务，首先要精通所教学科的知识，这就是我们所说的学科专业知识，包括该学科产生和发展的背景知识，该学科已有的知识和最新的研究成果及发展的趋势等。杜威曾论述过这个问题："教师在讲课时，必须有余力来观察儿童心智的反应和活动。学生的问题在教材中，而教师的问题却在于学生对待教材的心理活动内容中。如果教师预先不掌握教材，不精通教材，可以不需思考而运用教材，那么，他就不能自由地用全部的时间和精力去观察和解释学生的智力反映。教师不仅要感受到儿童用文字表达出来的意义，而且要注意到身体所表现出来的各种理智状况，像迷惑、厌倦、精通、观念的醒悟、装着注意、夸耀的倾向、以自我为中心把持讨论等。"杜威的这种看法是非常有道理的。教学的许多工作，如选择有价值的学习、向学生提出创造性的问题、为学生解决疑难问题等，都与教师的学科知识精通程度有很大的关系。教师只有系统地、扎实地掌握了学科专业知识，才能把握自己教学的学科，教给学生掌握各种知识和技能的方法，引导学生在学科知识的海洋里快乐地遨游；才能根据不同的教育对象选择有效的教学方法进行教学；才能充分发挥学科知识全面育人的价值，在教学中真正实现科学精神与人文精神、知识与人生的统一。

二、广博的科学文化知识

教师专业化的特点之一就体现在对各种不同的知识和理论进行选择、组织、传递和评价，并在这个过程中进行知识创新和增值。这要求教师不仅要了解和掌握某个具体学科的专业知识和理论，而且还必须更加广泛地学习和了解其他相关学科及领域的知识和理论，以及各学科、领域知识之间的关系。此外，教师工作的对象是人，教学工作应该具有人文性的特点，同时，今天的文化也有了比以前更加宽泛的内涵，这些都要求教师具备广博的科学文化知识。再来具体结合到当前新课程的课程设置，"小学阶段以综合课程为主""初中阶段设置分科与综合相结合的课程""从小学至高中设置综合实践活动并作为必修课程"。这对教师的科学文化知识范围提出了直接的挑战。

三、坚实的教育学、心理学知识

教师不仅需要所教学科的专业知识，还需要坚实的教育学心理学知识。杜威说："为什么教师要熟悉心理学、教育史和各科教学法？这主要有两个原因。一个理由是，他能凭借这类知识观察学生的反应，迅速而准确地解释学生的言行，否则，学生的反应，可能觉察不出来；另一个理由是，这些知识是别人用过而又有效的方法，在需要的时候，他能够凭借这些知识给儿童以适当的指导。"教育学、心理学知识不仅可以用来指导实践，它也是教师是专门人才的标志之一。具体来说，教育学知识包括教育教学基本理论、各科教材教法、教育史、教育社会学、教育法学、比较教育、现代教育技术、教育改革与实验等。唯物辩证法认为，任何一个事物都存在着系统和要素两个方面。

教学作为一个系统，不仅需要教师运用课程理论知识进行观察，还需要教师角色的准确定位、教学内容的合理选择、教学设计的巧妙设计等教学过程中的各种要素活动、学习方法的科学应用和学习效果的合理评价等，这些离不开教师的教学知识。

教师的教学知识不容乐观，主要表现在两个方面：一是教学知识的静态。很多教师在上任前对教育理论进行了全面系统的学习，但这些知识只是作为信息储存起来，没有与课堂实践相结合，造成理论与实践的脱节。二是教学知识的固化。教师坚持原有的教学知识，不愿更新，相信这些知识可以适应变化。教学本身是动态的、不断发展的，这就需要德育教师不断地学习和拓展教学知识。

第一，教师要运用教学知识。只有理论与实践相结合，才能以理论指导实践，实践才能培育理论。这就要求教师更好地学习和掌握教育领域的基础知识，了解教育的基本原理，深化教育的相关理论，结合教学道德的特点，对教育学知识进行逻辑排序，不断地进行消化、吸收、内化，在课堂教学中应用、测试和讨论，充分发挥教学知识的作用。

第二，教师需要更新教学知识。所谓"新"，就是教师要不断更新教学知识。时代的飞速发展和新课程的改革对教师的素质提出了更高的要求。如何在师德教学中跟上社会发展的步伐，是教师面临的重要挑战。

第三，教师需要扩展他们的教育学知识。所谓"广"，是指教师应广泛从事相关的教育学知识。随着社会的发展，教育学研究领域迅速扩大，研究的门类出现了细化分化，不再局限于师范院校学习的《教育学》一书。

四、丰富的个人实践知识

教师专业知识是教师在教育教学实践中真正相信并实际运用或展示的教育教学知识。实践知识是与理论知识相对应的概念，教师的实践知识和理论知识在获取、构成、条件和特点等方面存在很大差异。理论知识通常是指通过阅读、听课等间接方式获得的学科的教育学、心理学和教学方法的原则性知识。实践知识是指情境知识、案例知识、学生的知识、教师的自我认识和理解、理论知识在实践中形成和展示的解释和应用。这类知识不仅来自教师个人经验的积累和理解、与同事的交流与协作，还包括对理论知识的理解、应用和延伸；一些外部标准认为它是"应有的理论"，实践知识是教师真正相信并在日常工作中实际运用的知识，指导教师的思想和行为，体现在教师的教育教学行动中；理论家分享的是教师知识冰山中暴露的部分。实践知识处于一种隐性状态，嵌入在教师的日常教育教学情境中，隐藏在知识的冰山底部；第一种是明确的、系统的、有表现力的，比较容易理解，已经得到了比较成熟的研究。实践知识是隐蔽的、不系统的和沉默的，迄今为止研究得很少。

尽管教师实践知识的培养极为复杂，但实践表明，教师的实践知识是教师专业发展知识的主要基础，在教师工作中发挥着不可替代的作用。首先，它在教师接收外部信息时起到过滤器的作用。它不仅控制着教师所接触到的知识，而且在教师解释和应用实用知识时起着重要的指导作用。其次，它具有很强的引导行为价值观和规范的功能，引导定义教师教育教学的日常行为。最后，教育是一项特殊的实践活动，具有高度的复杂性和情境性。现有的教育理论不能全面有效地指导复杂的教育教学活动，必须依靠教师实践知识的支持。

第二节　多种专业能力

一、关于专业能力的研究

与教师的专业知识一样，教师的能力也是教师专业素质结构中的一个重要组成部分。教师的专业能力是教师专业素质的外在体现，同时，教师专业能力的提高又会进一步增强教师的专业素质。研究者在研究教师的专业素质结构时，都必然会对教师的专业能力进行研究。因此，对教师专业能力的论述很多，对教师的能力结构的具体成分也是众说纷纭。

有的学者认为，教师的能力结构包括教学能力，语言表达能力，教育观察能力，注意分配能力，思维的系统性、逻辑性和创造性，教育想象能力和教育机制。有的学者认为，教师的能力主要有思维的条理性、逻辑性，口头表达能力和教学组织能力。也有的学者认为，教师的能力包括信息的组织与转化能力、信息的传递能力（语言表达能力、非语言表达能力），运用多种教学手段的能力、接收信息的能力。有的学者认为，教师的专业能力包含三个方面：对教学对象（学生）的调节、控制和改造的能力（了解学生的能力、因材施教能力、启发引导能力、教会学生学习的能力、组织管理学生的能力），对教学影响的调节、控制和改造的能力（对教学内容加工处理的能力、对教学方法手段的选择运用能力、合理运用教学组织形式的能力、语言表达能力、检查教学效果的能力），教师自我调节控制的能力（较强的自学能力、较强的自我修养能力、敏感地接受反馈信息的能力）。还有的学者认为教师的能力结构包括基础能力（智慧能力、表达能力、审美能力），职业能力（教育能力、班级管理能力、教学能力），自我完善能力和自学能力（扩展能力、処理人际关系能力）。叶澜教授认为教师的能力结构包括一般能力（智力）和教师专业特殊能力。教师在智力上应达到一定的水平，它是维持教师正常教学思维流畅性的基本保障。教师在专业特殊能力方面可以分为两个层次：第一个层次是与教师教学实践直接联系的特殊能力，如语言表达能力、组织能力、学科教学能力等；第二个层次是有利于深化教师对实践认识的教育科研能力。

二、专业能力的组成

综合众多学者的研究成果，结合当前教师专业能力发展的实际，我们认为，教师专业能力在结构上包括以下几个方面。

（一）信息能力

所谓信息能力，包括两层含义，一是指获得信息的能力，即接受、加工、处理信息的能力。教师要通过各种渠道，吸收各种新知识、新理论、新技术，经过选择、加工、提炼和综合，传递给学生。二是善于利用信息，即能利用信息进行判断并能高效地利用信息表达个人的教育观念或思想，做好教育教学决策。生活在信息化社会的学生，接收信息的渠道多样而复杂，其吸收信息、加工信息的能力远超过教师。教师如何更快地融入信息化社会，以提高自身的信息处理能力，已成为教师专业能力发展的基本需求。

（二）课程能力

教师的课程能力主要包括以下三个方面：课程的组织与实施能力；课程的评鉴与选择能力；课程的设计与开发能力。课程的组织与实施能力是指教师为实现所设计的课程规划，在师生的实际相互作用中运用教学形式、媒体、方法和模式等方面所表现出来的能力，主要表现在教学组织和教学能力上。课程评鉴能力是指教师在研究课程价值的基础上，判断课程在改进学生学习方面的价值的能力。课程的选择能力是指教师对正式课程的目标和内容进行某些具体的改动以适应具体的课堂教学情境。课程的设计能力是指对课程目的、课程内容、课程评价、课程结构等做出规划和安排。课程开发能力是指借助学校教育计划的实施与评价，以改进课程功能的活动的总称，以达到拓展学生经验的目的。

（三）研究能力

在当今社会，教育系统和教育对象比以往更加复杂，学生的自主性增强，教育内容变化加快，教育技术更加先进，教学形式更加多样。这些变化对教师提出了许多新的问题。这就要求教师能够进行有效的科学研究，自觉地掌握教学规律，探讨和发现新的教育方式和教学方法，以保证教育活动的顺利进行。

（四）教育预见能力

教育效应的滞后性决定了教育的设计和实施要具有前瞻性。随着社会发展速度加快，教育的前瞻性、教育和社会经济发展的不平衡性等特征将更加突出。教师要根据经济社会运行规律、科技发展变化趋势等可能给教育带来的重大影响，相对准确的预见教育的未来发展，积极采取对策，制定合理的教育目标。总之，不论教育目标的确定，还是教育对策的制定，都需要教师具有超凡的教育预见能力。

第三节　教师专业情意

专业情意在教师专业素质中占有重要的地位，与教师专业发展紧密相关，对专业发展的影响很大。同时，教师专业情意具有促进专业知识、专业技能、专业行为发展的作用，它能促进教师自主成长，是教师专业发展的内驱动力，同时也是解决教师职业倦怠的最好方法。

一、教师专业情意的含义

从心理学角度来说，教师专业情意是一种感情，是教师对教育工作、教学活动、学生感情的深厚倾注，教师在教学中对工作和学生都产生了感情，尤其是责任感，对学生、对工作的责任感都是教师教学负责的内在动力。"专业情意"这个词汇很少有专门的人去研究，关于"专业情意"的具体含义也没有确定，根据之前研究者的研究内容来分析，专业态度是一个人对工作的态度，而专业情意不仅仅包括对工作的态度，而且更加注重的是在工作中工作者的情感，它的人文含义更加内蕴与深刻。有的学者认为教师的专业情意是对教学的一种深厚的感情；也有人认为教师的专业情意是教师专业化成熟的一种境界的体现；当然更多的学者和专家认为教师的专业情意是在专业的教学活动中形成的情感和意志力；还有的学者认为教师专业情意是一种情感倾向，它包括教师对教育事业的态度、意识和专业精神，它是教师长期在教学实践的过程中形成的。

教师的专业情意是教师基于对所从事的教育事业的意义、教育价值基础上形成的精神状态与情感体验，是教师的价值观与情感态度在教学实践活动中的高度融合，是教师自身发展的根本动力。教师专业情意的情感体验也包括了教师对教育事业的热情程度和投入的精力，教师专业情意是教师专业素养的灵魂所在，教师如果缺乏了专业情意，那么教师会对自己从事的教育工作与教学活动失去工作的热情和动力。

二、教师专业情意的构成

目前，对于教师专业情意的构成认识不一，有的学者认为，教师的专业情意是"教师在教育教学实践过程中所形成和沉淀的一种情感倾向，它包括教师对待教育的意识、态度和专业精神"。也有的学者认为，教师专业情意的构成要素可以概括为专业情感、专业期望、专业价值观等三个方面。还有的学者将教师专业情意的内涵划分为四个方面，分别为专业理想、专业情操、专业性向和专业自我，或者专业情感、专业信念、专业伦理和专业态度等。其中，不同学者所界定的内容各异，所以也有学者将教师专业情意界定为"专业知识和技能之外的情感、意志因素"，这样教师专业情意涵盖的面就更广了，但是教师的专业情意究竟应该包括哪些因素却没有定论，学术界也没有统一的意见。

（一）专业理想

专业理想表现为教师对教育观念、教育理想和教育意义的肯定与信奉。教师的专业理解其核心是对学生的爱，包括诸如事业心、责任感和积极性等方面内容。专业理想为教师树立了奋斗目标：成为一名优秀的、成熟的教育工作者。教师热爱学生才会对学生认真负责；热爱教育事业才会甘愿清贫一生；积极的工作热情才能让教师每天都精神饱满的去讲课。

（二）专业自我

教师的专业自我是自我肯定，是对自己从事的教育事业的认可与肯定。专业自我将会帮助教师始终保持方向感和目的感，对所做什么有很清醒的认识。教师专业自我的明确能够使教师在教学活动中获得荣誉感与满足感，会使教师以更加饱满的热情和积极的态度去工作。

（三）专业情操

专业情操是教师带有理性的价值评价与自身的教学情感体验，也是教师价值观构成的重要基础。从某种意义上来说，教师对学生的关爱、是学生对教师的敬爱的基础、是产生良好教育的基础，是师生之间进行的精神历程和心灵对话的基础。教师良好的专业情操是教师的专业情意发展成熟的标志，是成为一名优秀教育工作者的重要因素。

（四）专业性向

专业性向指教师在教学工作中形成的自己所特有的教学风格或专业指向性。专业性向是教师专业情意的重要外在体现之一，表现为教师的敬业精神、认真的工作态度、专业的职业作风等。教师是学生除了家长以外接触最多的人，也是学生学习模仿的重要对象。教师表现出的敬业精神会影响学生的学习情绪，认真的工作态度会间接培养学生的学习态度。

就专业情意而言，最重要的品质是对教育事业的热爱，积极向上的人生态度、强烈的责任感和对学生的关心，甘为人梯的奉献精神，严于律己的工作态度，具有创新意识与合作精神，具有学而不厌、追求真理、学无止境的观念和习惯。

三、教师专业情意的意义

（一）对教师个体的意义——为教师专业发展提供不竭动力

教师要成长发展就不能忽略教师专业情意的作用。良好的教师专业情意会督促教师不断完善教学方法，提高教师的教学能力，也有助于教师对教学理念的准确把握。良好的教师专业情意加深了教师对教育事业与教育工作的认识，激发了教师对工作的热情，让教师以积极的态度去工作，也使教师更愿意接受新的教学理念，尝试新的教学方法，同时能够使教师更加准确地把握和运用教材，有助于教师形成自己特色的教学风格，为自身的专业发展提供不竭动力。

（二）对学生的意义——促进学生的个人成长

我们常说"教师是人类灵魂的工程师"是因为教师对学生的教育不仅仅是教会学生学习，更重要的是教会学生做人。教师看待学生就好像辛勤的园丁看待自己悉心照料的花朵，而良好的教师专业情意能够使教师更加努力地投入到教学当中，能够更好地和学生进行沟通，可以更加深入、细致地认识学生，能够更好地关怀学生，不仅有利于师生之间建立和谐、平等的关系，还有利于提高学生的自信心，使学生学习更加积极与热情。教师的使命是教书育人，重中之重是育人，是培养学生成为一个真正的"人"，而教师的专业情意是教师培养学生成人的重要因素。教师的专业情意不仅仅对教师的教学行为具有指导和调节的作用，同时对学生的成长也有着强烈的引导作用。学生阶段的孩子是可塑性最强的时候，教师要在这个时期为学生树立良好的榜样，对学生的情感价值观做出正确的引导。

（三）对教师群体的意义——优化学校的教学团队

教师与学校就好比鱼和水，鱼在水里才能活得更好，水有了鱼才显得更有活力。教师自身的发展提高需要学校这个平台，学校也需要教师来提高教学质量，进而推动学校的进一步发展。

首先，教师的专业情意要求教师忠诚于人民的教育事业，能正确处理教育事业利益与个人利益之间的关系。社会主义市场经济在促进师德进步的同时也产生了一些负面影响。有人把市场经济的竞争原则、等价交换原则等盲目地运用于教育领域，导致了功利主义的产生，有的教师"课上留一手，课外搞一套"，甚至有个别教师利用节日向学生索要礼品。这些都是教育领域中出现的怪现象。教师应树立正确的自我价值实现尺度，忠诚于教师专业，表现为对教师职业具有献身精神和负责精神。在当前的新课程改革实践中，如果没有教师热情洋溢的投入和高度负责的精神，没有教师的密切配合，新课程改革就难以取得成功。

其次，教师的专业情意要求教师具有学而不厌、追求真理、学无止境的观念和习惯。教书育人是一项十分艰巨的任务。教师要不断更新知识，掌握最新的信息，以科学的态度和方法进行钻研和学习，同时还要注意提高个人的觉悟和修养，积极探索教书育人的规律和艺术。

最后，教师的专业情意要求教师自觉遵守教师的专业道德规范和行为准则，做到以身作则。古往今来，教师就是一项与社会道德密切相关的工作，古代的"以德为师""以学为师"，就是说有道德有学问的人就可以成为教师。长期以来，教师经常被当成社会道德的化身，人们将教师比作"人类灵魂的工程师"，将教师比喻成"红烛"等。社会对教师职业的纯洁性、高尚性高于对社会其他职业的期望。为此，需要不断强化教师职业的自我约束机制，建立规范的教师职业道德和行为准则。

第四节　教师专业文化

国内外学者对教师文化的早期研究，大都是把教师作为一种职业，从职业文化的视角对教师群体的价值取向及其工作特点展开论述。例如，加拿大著名教育学者哈格里夫斯认为，应该从"内容"和"形式"两个维度来理解教师文化：所谓教师文化的内容，是指在一个特定教师群体里大家共同认可和遵循的"实质性"的教育价值、教育信念、教育态度和教育行为方式；所谓教师文化的形式，则是指"在该文化范畴内的成员之间具有典型意义的相互关系的类型和特定的联系方式"。

一、教师专业文化的层面

教师专业化运动的推进和人们认识水平的提高，使研究者逐渐倾向于把教师当作专业人员，从教师独特的专业活动视角来把握教师文化的专业性和创造性特征。教师从本质上来说，是一个从"生物人"到"社会人"的发展转变过程，是社会文化孕育之下形成的鲜活的"生命个体"和"文化主体"。由此，我们认为，所谓教师专业文化，是指教师群体通过较长时间的理性思考和实践体察，不断积淀而成的专业思想观念、专业价值体系、专业思维方式、专业生活样式和专业行为模式的综合表现。具体而言，它可以划分为以下三个层面：第一个层面是教师所拥有的思想观念，主要包括教育观念、专业意识、专业理想、专业信念等；第二个层面是教师所形成的价值体系，主要包括教育价值取向、专业态度倾向、专业情感体验等；第三个层面是教师所表现出的行为模式，主要包括思维方式、行为方式、生活样式、生存智慧等。教师专业文化的上述几个层面，从"隐性"的专业思想观念和价值体系到"外显"的专业行为模式和生活样式，构成一个相互渗透、相互促进的有机整体。其中，"思想观念"作为教师专业文化的核心，在很大程度上决定着教师专业活动的态度倾向以及行为方式。

二、教师专业文化的特征

教师专业文化表现出以下几个鲜明的本质特征。

（一）发展性特征

教师的专业实践活动绝不是静态不变的，而是随着科学技术的进步、经济社会的发展、基础教育的变革、学科专业研究的深化、人才培养目标的调整等，经常处于发展变化之中。这就决定了积淀和生成于专业实践活动的教师专业文化，也是一个变动不居和与时俱进的过程，体现出动态性和发展性特征。对此，美国当代教育学者约翰逊就曾指出："教师专业知识不是那种一旦获取便可终身享用的东西。它是一种致力于每天要比前一天做得更好些的、不断改进的过程。教师要么不断提高其教学专业知识，要么便日益失去教学专业知识。"

（二）合作性特征

传统教师文化更多地呈现出一种孤立的、保守的和个人主义取向的特点，学校被人为地分割成封闭的、隔绝的课堂或教研室，教师之间彼此分离，各自为战，难以开展实质性的有效合作、交流与共享。新教师专业文化则倡导以教师专业实践和专业发展现实需要为前提，以教师的自觉、自主和自愿为基础，是一种如教育家哈格里夫斯所提出的"自然合作文化"。所谓专业文化的合作性，是指教师群体所有成员拥有相同的教育理想与教育信念，参与教育决策与教育进程，共享教学思想与教学资源，彼此在合作互助的良好场域和氛围中实现所有教师共同的专业成长。如果从本质上来看，合作就是一种人与人之间的对话，是基于教师在平等基础上的对话、交流、理解和沟通；如果从形式上看，合作既涵盖了教师间合作，也涵盖了教师与学生、专家、家长、社会之间的合作；如果从内容上看，合作不仅有教育研究和教育实验等方面的"宏观性"合作，也有教学设计、教学方法和听课评课等方面的"微观性"合作。

（三）自主性特征

从哲学意义上来说，自主性乃是个体自我认同、自我体验、自我监控、自我效能感和自我价值感等诸多自我意识成分的整合，它植根于个体的内在价值。然而，传统"技术理性"取向下教师专业活动往往表现出明显的"科层化"，这很容易导致教师文化的"单纯劳动者化"和"琐碎技术化"的偏向，在压抑了教师专业文化生成机制自主性的同时，也势必会对教师的专业化发展构成重大障碍。在当代，教师专业特性出现了新的变化，它一方面强调教师不能仅仅把着眼点局限于"技术性能力"或者"实践性事务"，而必须追求对课本、教室和学校的超越，对自身所持教育价值观及所肩负的社会目的与道德使命保持清醒认识；另一方面，教师也要与时俱进，重视并致力于终身学习和自身专业发展的延续性。毫无疑问，上述这些变化必然能够对充分彰显教师在专业实践活动的、具有高度自主自觉特征的专业文化，起到激发和催生作用。

（四）民主性特征

民主性一方面表现在教师与学生之间的关系上，教师专业文化反对教师的"绝对权威"和"话语霸权"，在专业活动中真正坚持"以学生为本"，尊重学生的生命尊严和教育权利，充分发挥学生的主体作用。我们都知道，教育过程是一种特殊的认识过程，是师生双方情感交流、心灵沟通、智慧碰撞、思想分享的过程，更是一种"我与你"的"交互主体"的精神交往过程。正因为如此，教师必须摒弃传统的主体与客体"二元对立"思想观念，把自己当成学生学习活动中的参与者、引导者和合作者，是师生关系的"平等中的首席"和学生的知心朋友。另一方面表现在教师群体之间的关系上，专业文化的民主性就是要充分彰显教师之间的平等地位，任何一个教师都有适合自己的独特的专业生活方式，都有自主反思和自我完善的意愿与能力，一名教师，哪怕是优秀教师，也不能凌驾于其他教师之上。

（五）开放性特征

教师专业文化的形成，离不开多维开放的环境条件的支持。在当今信息化、全球化日益扩大的时代，如果教师故步自封、闭门造车，囿于自己的狭小书斋，缺乏开放精神和广阔视野，那他肯定不能取得教育的成功。为此，教师要彻底摈弃封闭保守、一叶障目的专业生活方式，牢固树立开放包容、合作共享的专业价值理念，不断开拓专业实践的内容、场域与范围，把自己的专业活动纳入社区、社会、时代的宏大背景之中，以博大的胸怀和开放的心态接纳正确的教育思想和新鲜的教育事务，逐步形成自己的教育风格和教育理想追求，在促进学生获得全面健康发展的同时，也能实现自身的专业发展。

第四章　乡村教师专业发展的方法与策略

第一节　学会阅读与反思

一、学会阅读，促进专业发展

教师阅读是教师对阅读材料的认识、理解、吸收和应用的复杂心理过程，也是自身进步和发展的重要方式之一。

阅读是识别、理解、吸收和应用主体阅读材料的复杂心理过程。首先，阅读是一种生理现象：它通过人的视觉机制从阅读过程中吸收阅读信息，通过人的神经机制将获取的阅读信息传递到大脑中枢，最后通过大脑完成信息的处理和存储。其次，从思维的角度看，阅读的过程也是思维活动的过程。美国阅读专家汀克通过研究得出结论：在大多数情况下，阅读时眼球运动的时间只占 5%，其余 95% 的时间都花在了思考上。最后，读者的非智力因素也会影响阅读的效果，如阅读动机、阅读兴趣、阅读情绪、阅读意愿等。由此可见，要保证阅读的质量和效果，需要科学的阅读方法和积极的思考活动，同时要保持良好的阅读心情和正确的阅读态度。

（一）阅读对我国教师专业发展的效用

1. 促进教师的自主发展

教师专业发展一般会经历自发、自觉和自由等阶段，而阅读可以帮助教师通过学习实现自省。从教师专业发展规律来看，内省是自身成长的重要标志，可以使专业发展更加生动、深入，能有效增加意志力在专业发展中的作用。实践独立是教师专业发展的重要途径。只有"独处"时，教师真实的自我成长水平才能显现出来。这种情况是教师通过内省反思和判断自身专业知识、专业情感、专业意志和专业行为发展水平的最佳时机，也是教师寻找专业发展短板，有针对性地提高专业地位的最佳时机。阅读可以让教师在不知不觉中更加意识到专业自我发展的本质。虽然阅读可能不是教师专业发展的直接知识来源，但大量的阅读可以使教师丰富自身知识结构，完善知识框架，切实提升教师的人文素养。

2. 促进教师的教学活动

教师的学习活动是认知活动的一种，知识是教师认知活动的基础。舒尔曼将教师的知识分为七类：内容知识；学科教育学知识；学习者的知识；一般教学法知识；课程知识；教育脉络知识；目的、价值、哲学和社会背景知识。教师需要不断地阅读，以丰富自身知识的内涵。研究人员林崇德、申继亮等从认知心理学和教师心理学的角度提出"教师教学监督能力"的概念，并认为"通过教师参与教育研究，可以帮助他们实现以经验为主的教师转化为专家型的教师"。有相关研究证明，教师的专业阅读水平与其参与教育研究息息相关。通过专业阅读，教师可以进一步了解教育规律和教育发展新趋势，提高对教育理论的理解，消除他们头脑中落后的教育观念，使教师能够反思和调整自己的学习活动，逐步提高对教学活动的认识并定期反思，最终改善教学行为。

（二）教师阅读存在的问题分析

1. 阅读时间及阅读量偏少

据调查，大部分教师每天的阅读时间不到一个小时，阅读时间没有保障，阅读量自然偏低。虽然教师每天都在和书本打交道，但阅读并没有成为教师日常生活的一部分。

2. 阅读内容缺乏专业特色和专业倾向

泛读是教师教学的前提，但对于教师的专业发展而言，专业阅读的作用更为显著和必要。虽然很多教师对专业阅读的重要性理解存在自身的看法和意见，但他们没有意识到专业阅读的重要性，所以目前在选择阅读内容和使用网络资源的行为上并没有表现出明显的专业特征。无论是纸质阅读还是电子阅读，教育的内容都没有得到足够的重视。相反，更多地关注和花时间在通俗有趣的内容上，不仅影响阅读效果，也不利于充分发挥教师阅读对自身专业性提高等方面的作用。

3. 良好的阅读习惯尚未形成

部分教师阅读观念落后，缺乏自主性和目的性。大多数教师对阅读的态度比较随意，这也说明教师对阅读重视不够。此外，大多数教师在阅读书籍时并没有充分整合自己的思维。分享阅读经验，可以让教师将书本所吸收的核心转化为个人成长的养分，这是检验和提高阅读效果的重要途径。隐藏在个人内心深处的阅读体验总是主观的、模糊的、情绪化的。然而，许多教师不愿意用语言或写作来表达他们的阅读体验。没有计划、思考和交流的阅读，其效果是很差的。

4. 阅读动机过于功利化

一些教师可能会根据自己的专业需要选择和阅读一些书籍，以扩大他们的知识面，提高他们的素养。然而，有很多老师在空闲时间想读多少就读多少，或者为了应付工作压力和执行教学任务而不得不读书。教师因专业需要而读书是可以理解的，但如果只为教学而读书，则缺乏个人的阅读需求，无法形成浓厚、积极的阅读氛围。尽管大部分教师从开阔视野和丰富知识的角度理解学生课外阅读的意义，但只有部分教师对学生的课外阅读有指导行为，这其中不乏有些教师是为了完成阅读教学任务，提高学生阅读分数的目的。

5. 专业阅读意识与行为存在偏差

大部分教师认为阅读与教师的专业发展密切相关，认同阅读对提升专业素质的作用。阅读不仅可以影响教师的教育理念，启发教师的教学模式，拓展教学内容，提高教学反思和教学研究能力。同时，教师还可以通过阅读学习新的知识和技能，从而提高教育教学质量，促进学生进步和发展。然而，只有少数教师长期订阅教育报刊，阅读过几本关于教师专业发展的书籍。出于功利的目的，很多教师认为教材比教育理论更重要、更有用，期望操作简单、见效快，满足于阅读适合自己胃口的教育案例，而对与专业能力提升相关的教育学、心理学书籍不感兴趣，甚至不阅读与教学和课程理论有关的书籍。

（三）教师阅读的建议

教师阅读行为的实现及阅读效果的保证，不仅需要教师有自主阅读的意识、制定详细的阅读计划和养成良好的阅读习惯，外部环境的支持也不可或缺，如图书馆等硬件设施的建设，各种阅读活动的开展、相关评价制度的完善等软环境的营造，都能为教师的阅读创设良好的条件和氛围，提高阅读效率。由此，针对调查中发现的问题，从教师自身和外部支持两个方面提出一些建议。

1. 增强阅读的目的性和专业性

树立明确的阅读目的，选择与自身专业发展阶段相适宜，能够完善个人素质结构的阅读内容和书目，是保障阅读取得实际效果的前提。教师作为一个特殊的职业群体，阅读的目的必然是为了专业素质的持续发展，阅读内容的选择要能够凸显出职业特性和专业水准，而不是满足于大众性的文艺作品或娱乐刊物，抑或是仅仅局限于教材教参。

教师要结合实践中的教学问题进行针对性阅读，逐步深化对教育现象的认识，透过表象看到问题的实质，加深对教育教学规律的理解。从实际出发的阅读，能使教师对文字形态的教育理论在教学实践中的具体表征有更加直观和切身的感受，有助于教师将其所获的教育理论转化为实际的教育行为，使专业知识向专业能力的转化成为可能。

教师要加强专业阅读，广泛涉猎各种教育类著作，阅读一些教育类学科类的核心期刊和报纸，了解前沿的研究动态和新近的研究成果，并将其运用到教学和研究中去，从而开拓自己的眼界，更新已有的知识储备，提升教育研究能力。多关注那些能够奠基教师教育精神和学术根基，影响和培植教师专业思维的教育名著，如《论语》《陶行知文集》《爱弥儿》《民主主义与教育》《给教师的建议》等，阅读这些经典书籍的过程，也是在与古今中外的教育大家进行对话的过程，教师所收获的不仅是系统的教育理论知识、高效教学和管理的技巧，还有教育大家们的教育智慧和对教育事业的执着与热爱，使教师自觉抵御拜金主义等不良风气的影响，能够坚定教育信念，坚守教育岗位。

2. 养成良好的阅读习惯

良好的阅读习惯体现在三个方面。一是在阅读前制定详细的阅读计划并坚持执行。完备的阅读计划，能够保证教师的阅读活动有序开展，增强阅读的目的性和针对性。教师需要科学地定位自己所处的发展阶段，实事求是地面对自己专业结构中的缺陷与不足，在此基础上查找和选择适合自己的书目，在一个明确的时间段内将其读完，抑或是为自己安排出每天、每周或每月的阅读时间和阅读量等，阅读计划的形式是灵活的、个人性的，但坚持执行才是其发挥效用的不二法则。二是在阅读的过程中，不仅要充分理解作者的思想观点，还要在此基础上结合自身的教学实践，针对书中的某些看法进行思考和质疑，而不是让自己的头脑成为"二手货"（兰德语）的储藏室和他人观点的"跑马场"（叔本华语）。读书笔记是教师对所读内容做出个人化思考和整理的重要表征，有助于教师消化从书中所吸收到的养分。结合个人实践经验所做的批注，则可以启发教师去思考一些教育教学问题，给教师开展教育研究提供抓手和线索。阅读与研究相结合，不仅能够充分利用从阅读中所学到的专业知识和研究方法，巩固阅读效果，也能为教师的教育研究提供理论支撑，提高研究质量和层次，从而促进教师教研能力的发展。三是教师在阅读之后，要主动与那些读过相同书籍的人群交流自己的读书心得。交流才能激起火花，才能习得看待问题的多种角度和思考问题的多种方法，升华从书中所吸取的知识和感悟。交流的对象既可以是身边的同事，也可以是自己的学生，还可以通过网络与名师学者进行互动、与更多的同行及其他行业的人进行交流探讨，从而突破个人感悟和单一视角的局限。

3. 充分利用网络资源

当下，上网已经成为一种普遍的行为，网络阅读的频率和时间量都有超过传统阅读的趋势。通过网络，教师不仅可以下载和阅览丰富的电子书，扩大阅读内容的选择范围，降低阅读的成本，还可以浏览各种教育类的网站和名师大家的博客，了解最新的教育资讯和动态，掌握丰富的课程与教学资源及理论知识、方法经验等。还可以参与一些网络读书会，阅读经过组织者检验和筛选之后推荐的经典书目，自由的发帖交流读书心得体会等，如刘良华教授主持成立的"南方青年读书协会"，就是一个自由的教师学习共同体，为教师推荐了值得阅读的图书和文章，定期举办教师在线研讨会等。通过成为南方青年读书协会会员的方式，可以为教师的阅读提供一种外在的规约，督促教师的阅读行为，进而养成坚持阅读、自觉交流的好习惯。

二、善于反思，加快教师专业发展

反思的对象不是客观世界，而是人的思维本身。思维作为反思的对象，包括很多方面。例如，人们常常以常识的、神话的、宗教的、艺术的等不同的方式来把握世界，也就形成了关于世界的许多思想。因此，在哲学反思中，人类把握世界的各种思维方式是极为重要的反思对象。综合哲学和心理学对于反思的研究，可以得出如下结论。

（一）教师反思的理论基础

1. 教师反思——与自我的对话

首先，教师反思是对教师教育教学知识、意识和观念的回顾和重构。教育实践虽然复杂，但教师需要一种技能和意识，才能透过外表看本质。教师的日常教育行为和实践是显而易见的，很容易引起教师的反省思维。然而，这些开放的行为和实践背后的教育意识和教育理念是教师专业成长的最关键因素，它们直接决定了教师的明确行为。

其次，教师反思是教师对其过去或现在的教育和实践行为、经验和活动的反思和适应。如果说第一层次的反思是教师对自身精神视野和教育教学前提的反思，那么第二层次的反思就是教师对具体、切实的教育实践的认真反思。在教育活动中充分利用这种反思的教师往往会取得良好的效果。

总的来说，从广义上讲，教师反思体现了一种根深蒂固的自我"对话"过程。这种"对话"不受话题数量的限制，可以是自己与他人的对话，也可以是自己与自己的对话，还可以是自己与情境的对话，是通过思考活动进行交流的过程。正如接受知识需要一个同化和适应的过程一样，外部对话只有通过自我理解和自我认同才能真正成为自己的一部分。真理并不是存在于单独某个人的头脑里的，它是在不断寻找的过程中，在不断地"对话"过程中产生的。教师对自身专业成长的认可和理解，以及对自身理论和实践的反思，都是在教师与自己、与学习活动、与教学情境的对话过程中形成的。

2. 反思型教师及其特征

"反思型教师"就是在学习教育理论、借鉴他人和拥有自己的教育教学经验的基础上，为了保证教育教学成功达到预期的教育教学目标，而能够以自身的观念与教育教学实践活动中出现的疑惑和困境为意识对象进行理性的审视、分析、判断和选择，积极、主动地计划、检查、评价、反馈、控制和调节教育教学的全过程，积极改进自己的教育教学行为，主动承担起专业化发展的责任和义务，进而促进自我自主发展的教师。与传统的经验型、技术型教师相比，反思型教师在认知、情感、意志等方面，都表现出一些独特性。

有学者从认知、情感、意志、教育教学行为四个方面来概括反思型教师的特征。认知特征包括：思维的多元性与开放性；教育观念的正确性与创新性；思维的批判性；知识结构的理论性与实践性。情感特征包括：具有积极开放的心态；具有敢于剖析自己的勇气；具有强烈的师爱情怀；具有承担挫折的责任心。意志特征包括：持之以恒的坚持性；专心致志的专一性。教育教学行为特征包括：反思型教师是"活到老、学到老"的终身学习者；反思型教师是善于分享的对话者；反思型教师是关注问题的行动研究者。

3. 教师反思的意义

（1）反思有助于增强教师自主发展的意愿

首先，在强调教师士气塑造和提高职业意识的今天，反思应该成为教师士气的具体体现。只有具有较高职业道德的教师，才会从提升自身教育教学实践水平和能力的角度，在整个教育形势下不断反思自己的教育理念、教育行为和存在的问题。其次，反思的本质是主体发起和执行的有意识的活动。教师只有发自内心地理解反思的重要性及其对专业发展的重要性，才能成为自己的导师，才能在专业化的过程中提升和充实自己。反思是对自我的超越。支持教师自我反思是强化教师自我发展意识的建设过程。同样，教师是一个工作倦怠风险很高的群体。一旦工作倦怠发生，教师的使命感就会减弱。教师反思可以帮助教师确定人生追求的价值和目的，这种高度的意识让教师愿意做出更多的牺牲和奉献。因为这样的奉献，是一种心灵上的极大愉悦。

（2）反思有助于改善教师的教育行为，增加教育实践的合理性

研究表明，反思可以超越教师的教育习惯。教育习惯是教育者在教育过程中经常表现出来的一种潜意识行为。这是教师认为理所当然的教育方法的刻板行为，是教师认为理所当然的教育理念、方法和行为的连续统一体，在很多情况下不自觉地使用的教育行为习惯。反思是克服教师教育习惯的有效形式和策略。波斯纳（1989）曾指出，没有反思的经验是一种狭隘的经验，至多只能是肤浅的知识。如果一个老师只满足于积累经验，而没有对经验进行深刻反思，那么他的专业成长将是非常有限的。教师通过反思、思考和探索教育教学中的问题，做出理性的选择和判断。通过实践和理论的适应，通过与教育目标的对比，力求实践的合理性，可以使教师摆脱冲动或常规的行为，谨慎行事，不断适应和改进，以促进转变教学观念，提高教学技能，更好地解决教育教学问题，完成教育教学任务，不断地提高职业素质。

（3）反思有助于教师将知识和经验转化为个人理论，产生教育智慧

通过反思，教师也可以更加意识到自己所采用的理论的情境局限性，从教师教学和儿童学习的角度在教育活动中获得知识和分析，找到两种理论的交汇点。因此，反思是教学理论与教学实践的对话，是教师"理论辩护"与

"理论采纳"之间的桥梁。教学反思的一个重要方面是让教师关注自己的教育实践，识别和理解他们的教育教学行为，不断地询问和思考隐藏在教育实践背后的深层概念，理解他们的隐性知识并激活、判断和验证。反思可以帮助教师挖掘或解决经验所涉及的原理，将经验升华为理论，帮助教师建立一套自己的理论体系，形成独特的专业理念，指导教育，指导未来的教学实践。同时，教师可以在教育实践中只对自己的思想、心理感受和经验进行反思、总结和改进，不断产生个人理论并将其融入具体的实践活动中。在实践活动中，减少盲目、提高认识、克服消极情绪，增加包容性，这样才有可能不断走向教育智慧的境界。

（4）反思有助于促进教师专业素养和专业素质的发展

教师应反思和评价他们的教育观、课程观、学生观和评价观，以及他们在课堂上所经历的情感、态度和价值观，这些都体现在他们的教育教学活动中。这样才能促进观念的不断更新和发展，不断提高认识和研究能力。正如一位教师在反思日记中所说："对于教师来说，课堂教学不仅是对学生成长的贡献，不仅是完成他人布置的任务，更是对他们人生价值和自我发展的反映。教学结束后，教师要反思自己在课堂教学过程中的经历，可以说反思是培养教师专业精神的关键，反思中谦虚、责任、毅力的品质是有机的组成部分。教师反思行为部分教师形成反思意识，养成反思习惯，这本身就是一种对事业、对学生、对自己的责任感。通过自我反思，教师可以更好地履行自己的责任和义务，从而实现个人专业发展和教育的最终目标。"

（二）教师反思的基本内容

参考已有研究，我们认为，教师反思的内容具体可概括为以下四个方面。

1. 教学活动过程与实践的反思

（1）教学的经验、优点、成功之处

教育教学工作当中，自己成功地完成了哪些目标？在这过程当中积累了哪些经验？身上的哪些优点促成了目标的达成？

（2）教学的教训、问题

是教学方法问题？还是课堂管理问题？有哪些教训今后要注意？

（3）教学的类型和风格特点

教学类型的选择是否和自身教学风格相一致？教学类型的选择是否兼顾

到学生的学习方式？

2．自身素质特点的反思

（1）知识状况

教师的知识面宽不宽？哪些方面的知识相对丰富？哪些方面的知识还缺乏？常常又因为缺乏哪些知识而在教育教学活动中感到困难？对哪些新理论和新事物还不了解？

（2）能力状况

教师的哪方面能力强？哪方面能力弱？教学活动中常常因为缺乏哪方面能力而感到困难？针对自己能力差的方面做了什么？接下去又应该怎么做？

（3）个性特点

自己的性格是内向的还是外向的？独立性强还是从众性强？是理智型还是情感型？和学生容易相处吗？因为缺少哪些素质而影响和学生的关系？和同事的关系如何？自己是属于何种类型和何种层次的教师？

3．专业成长历程的反思

我的专业成长历程已经经过了几个阶段？这几个阶段各自解决了什么问题？有哪些成长的经验？我现在处于成长阶梯的哪一级？还有哪些成长的问题和障碍？有哪些关键性因素影响了自己的成长？自己未来成长的可能性有哪几种，各自的可能性有多大？我的终极的愿望和需要是什么？我要到哪里去？什么道路最能够达到这样的目标？

4．自身教育理念或信念的反思

（1）学生观

怎样看待学生？学生是"善"的还是"恶"的？怎样保障学生的主体性地位？怎样维护学生的权益？学生都有哪些需要……

（2）教学观

怎样的教学才是有效教学？怎样通过教学既保证学生取得理想成绩，又能实现学生素质的发展？学生为什么不喜欢写作业，怎样布置作业才能调动学生的兴趣？怎样帮助学困生获得学业上的进步？

（3）教师观

什么样的教师才是好教师？学生所期望、所喜欢的教师是什么样的？教师与课程的关系应该是怎样的……

（4）知识观

怎样才能使学生掌握"活的知识"而不是储存一堆没有生命力的概念符

号？怎样处理标准答案与学生具有创新性的观点之间的关系？

（三）教师反思的有效过程

有效的教师反思的过程包括以下五个循环的环节或阶段。

1. 自查与问题分析

教师分析收集到的数据，特别是有关他们的教育和学习活动的信息，并以批判的眼光进行自我检查和分析，包括他们的教育思想、教育行为和信仰、价值观、态度、情绪及他们的情绪和教育策略和方法等，形成问题的表征，明确问题的根源。

2. 反思实践，发现问题

反思始于教师对课堂师生活动的观察或对教学过程的回忆和自我反省，以及教学后自己或他人的经历和想法。教师通过反思自己教育教学实践中的具体问题，自己目前在教育实践中的感受和经验，以及从学校环境、课程设置、学生自身、教师等方面收集相关资料，来了解和发现自己在教学中遇到的问题。教师收集资料的方法包括自我报告和回忆、他人参与观察、角色扮演、轶事记录、各种检查表、问卷调查、访谈，以及音像档案等。

3. 产生想法，评估判断

教师自我审视和分析，在脑海中产生对教育事件或问题的解释、想法和可能的解决方案，并通过与教育教学事实和现有教育理论的比较分析，可以产生一个或多个概念。学习活动（事件）有很多观点和解决方案，教师应该对这些不同的概念进行评估和判断，并分析其发生的原因。

4. 总结经验，提出假设

教师通过分析观察明确问题并了解问题原因后，开始在现有的知识结构中寻找与当前的问题（或者通过咨询专家、同事，或者通过阅读专业书籍、网上搜索文献等）相关的信息，回顾自己的教育实践所依据的思想和观念，总结自己的经验，积极寻找解决面临的问题的新观念和策略，提出并建立解决方案。

5. 回归实践，验证假设

教师将总结的经验或提出的假设解决方案付诸实践，通过实践检验前一阶段形成的假设和教育解决方案的有效性。在测试过程中，教师会遇到新的具体经验，或重复练习以验证假设，或修正假设，或发现新问题，形成新假设。当再次观察和分析这个行动过程时，一个新的反思循环就开始了。

（四）教师反思的具体方法

1. 教育理论的系统研究

为了培养教师反思意识的觉醒，提高教师的反思能力，对教育理论进行系统的学习是必要的和不可缺少的。教师在教学实践中对教育教学理念的理解和把握只有通过对教育教学外部价值标准的获取才能实现。教师在实践中的迷茫，只是反映了教师教育理论的缺失。教师只有提高实践中反映的问题的理论水平并加以分析，才能找到问题的根源，使教师的实践以理论为指导。经过反思，一个人的水平可以得到提高和扩展。

2. 写教学反思日记

海涅曾说过："反省是一面镜子，它能将我们的错误清清楚楚地找出来，使我们有改正的机会。"在教学中，反思能够使教师对自己的教学活动进行及时的诊断与修正，帮助教师更好地解决教学活动中的实际问题。培养教师教学反思能力的途径有很多，如撰写反思日记、开展教学研讨会、开展行动研究和教学观察，其中撰写教学反思日记是最为有效的一种途径。教学反思日记是指教师自觉地把自己每天的教育教学活动作为认知对象，进行全面深入的审视、思考和分析总结，用日记的形式把教学过程中所得到的经验、碰到的问题、解决问题的思路和智慧及各种教学心得体会记录下来。教学反思日记具有针对性、具体性和探究性。针对性是指教学反思日记要从自己感受到的问题或困惑出发来写；具体性是指反思日记要从事件的真实发展过程来写；探究性是指反思日记不仅要记录事件的发生与发展，更重要的是分析其发生的原因、探讨解决的对策。教学反思日记作为一种重要的反思途径，有助于培养教师的反思能力和思维方式，也必将成为促进教师开展教学活动、理解课程内容和实现自我发展的有效手段。

3. 写教育案例

案例作为对包含疑难问题的现状的描述，是教育实践过程中的一个故事，是为突出一个话题而捕捉的教学行为片段，这些段落包含一些阅读思想的教育理论。教师通过编写教育案例，可以增强传统教师教育情境中可能难以建立的理解力、洞察力和敏感性，加强对教育教学经验的反思。在编写教育案例时，选择案例很重要。教育案例的选择应遵循真实性、典型性和价值性的原则。所谓真实性，是指案例是真实的"故事"，发生在真实的教育教学中；所谓典型性，是指作为研究样本的案例必须具有典型性和代表性；所谓价值性，就是案例必须具有研究价值。用于反思的教育教学案例的来源，可以是自己在大量教学实践中积累的案例；也可以是同事的教育教学实践，老师可以观察同事的工作，收集案例；此外，教师也可以通过与学生交谈从学生口中收集案例。

4. 观察他人和自己

教师可以通过对他人和自己的观察来帮助自己发现问题并进行反思。一方面，教师可以观察名师和其他同事的课堂，并与实际工作进行比较，以发现自己的问题，积累经验，提高反思效果；另一方面，教师可以观察活动，借助某些设备，如视频、录音等，真实地记录他们的学习活动；也可以通过观察学生的态度和反应，间接获得有关学习活动的信息。在这个过程中，教师实际上扮演着双重角色，即教师既是演员又是观众。因此，教师在观察过程中应尽量保持公正客观，不能有预谋地进行观察活动。

5. 与他人交谈

一项针对研究人员的调查发现，超过 80% 的教师认为他们的想法和教学方法受益于同事之间的交流。教师在与他人对话时可以使自己的思维更加清晰，对话对象的反馈将鼓励深入思考。通过交流，教师可以通过其他师生的眼光看到自己的教师形象，反思自己的意识和行为，加深意识，了解自己和他人的不同概念。对许多教师来说，让同事们聆听他们的故事、分享他们的真实经历、点对点的评论，可以促使他们思考和反思，甚至感到被授权和开悟。

6. 创建学习档案

教学档案是记录教师个人教学成果和发展历程的结构化文件。教师创作作品集的过程是对现有经验进行梳理和系统化的过程，是对自身成长经验的积累过程，也是教师自我评估的过程。创建学习档案的目的是鼓励教师反思。通过创建学习档案，教师可以分析教育和教学的各个方面并提供有意义的解释。在分析和解释的过程中，教师可以重新思考自己当前行为的合理性，重构自己的逻辑和思维方法。

7. 行动研究

行动研究是社会或教育情境中的参与者为了提高对所涉及的社会或教育实践的理性理解并加深对实践及其所依赖的背景的理解而进行的反思性研究。行动研究本质上是参与实践、批判性地反思并建设性地改进实践的过程。行动研究的基本模式是：行动—计划行动—观察—反思（包括"分析""解释""评价"等），充分体现了行动研究如何促进反思与行为的关系。根据行动研究模式，教师对实际教育生活中出现的问题进行反思，提出解决方法并应用于教育实践；他们在应用后再次观察和反思。如果计划有缺陷或没有达到预期的效果，教师可以审查他的计划并实施它再次练习。在这个过程中，教师通过实践—反思—行动实现反思与行为的有效互动。

8. 生活史（自传）分析

过去教师生活故事的全部内容，将逐渐发展成为能够支配未来教师思想和行动的"有影响力的故事"，将对教师的选拔和后续经验重组产生重大影响。通过对自我体验的反思和分析，教师可以发现自己的人格特质和认知特征、知识结构、个人成长的关键因素、个人专业发展的转折点和关键事件、常用的个人教学方法、教学成功案例和教学提示等，这有助于教师认识和了解自己，扩大教师对教育教学的理解、渗透和认可。

第二节　在团队协作中实现专业发展

一、乡村教师学习共同体的构建

（一）教师集体备课

1. 界定

备课是教师课前的准备，是教师对教学工作的策划和预设，其本意在于使教师能够上好课，使教师在上课之前通过钻研理解教材，分析研究学生，从而优化各种教学资源，帮助教师制定教学进度计划，形成明确的教学方法。备好课是上好课的重要前提，没有良好的备课就不可能获得良好的课堂效果。因此，备课是教师需要掌握的一项最基本的技能，也是教学过程的首要环节。

集体备课就是指教师在一起进行备课活动。从字面来看，集体备课与个体备课的区别在于备课的主体是"集体"还是"个体"，但需要注意的是，从个体备课到集体备课不是教师数量由"一"到"多"的转变。这是由于很多时候，尽管教师受制于制度和要求不得不坐在一起形成集体的形式，但实则依然是各自为政，与其他教师没有关系的"虚假的集体"。因此，集体备课"不只是备课组织形式的一种转变，而是教师对教学的科学性、艺术性、创造性不断探索和追求的过程"。这意味着伴随着集体备课的出现，不仅要求教师应完成传统的"三备"，还应努力与其他教师建立密切、良好的合作关系，积极参与到与其他教师的合作中来，更重要的是还应在集体备课中借助其他教师的力量解决自己在教学中遇到的问题，实现自身教学艺术和能力的持续发展。集体备课改变的不仅是备课教师的数量，而是通过集体备课形成了教师间相互交流、学习与反思的渠道，实现了教师间的合作，这既有利于教师资源共享与优化分配，又有助于推动教师的专业学习与发展。

2. 集体备课——教师合作学习的重要形式

学校集体备课主要包括三项基本的内容：常规工作的总结和布置、备课成员进行说课和组内其他教师对说课进行讨论。具体来说，常规工作的总结和布置主要包括对上周教学情况的反映，提出本周教学工作计划，并选择下周集体备课的主备成员。备课成员进行说课则包括说课程标准、考纲要求，说高考命题趋势和特点，说教材分析，说学生在学习中的认知水平和思维障碍，说突出重点的方法和突破难点的策略，说学生自主学习探究活动方案，说限时训练的设计情况等。说课既可以主备成员选择一名教师单独进行，也可以主备成员合作进行。最后是组内其他教师对说课进行集体交流讨论，互相修改与补充，从而达到综合集体智慧，完善创新方案的目标。除了上述内容外，A 校还结合学校自身特点，突破了传统集体备课中对时间与地点的限制，发展出了包括理论学习、高考研讨、公开课研讨在内的持续时间长、突破办公室限制的多种集体备课新形式。具体来说，理论学习又包括学习阶段、实践阶段和反思提升三个阶段：学习阶段主要是要求教师了解前沿学科知识和教学知识。相关资源由备课组教师自行搜索并列印成册，在备课组中进行传阅与统一学习。实践阶段则是将学习的理论与教学实践结合，根据学习内容确定新授课、复习课和讲评课三种课型，并由组内三位教师上示范课。课后，组内每一位教师对所听课进行评价，同时让每位教师设想自己如果上这节课，又是如何设计环节。通过上述活动，教师在提升自身理论和实践能力的同时，也为反思环节奠定基础。在反思提升阶段，则要求教师结合自己班级学生的实际情况，进行课堂的再设计，并形成新教案。

A 校在教师合作学习中尽管存在学科知识等理论学习，但事实上，理论学习并不是该校教师合作学习重点关注的内容。在整个集体备课的过程中，真正涉及学科知识的学习只有主备教师说课中的知识点梳理，其他时间教师更多的是在进行经验的交流。如在第一部分展示的集体备课实录，在每周的集体备课中都包括教师对公开课的经验交流及在本周测试成绩较好老师做的经验分享。为了更好地分析 A 校教师合作学习中的经验学习，我们将从内容与形式两个方面进行阐述。

首先，从经验学习的内容上，主要包括集体备课的经验和课堂教学经验两个方面。其中，集体备课的经验主要集中于学年初，针对新进的教师进行，备课组组长进行讲授和分享；课堂教学经验的分享则是在每周集体备课中都存在的。与理论知识来源于文献、书籍等不同，这些经验往往是由教师在教学实践中亲自总结得来，能够直接地指向教师的学习与教学，这不仅有助于年轻教师尽早适应教学生活，同样有助于老教师更新教学观念，从而促进所有教师的发展与提升。

其次，从经验分享的形式上来看，A 校在教师合作学习中的经验分享以集中于教师集体备课中评公开课和优秀教师经验交流两种形式来体现。如教师合作学习实录中展示的那样，评公开课又分为自评和互评两个内容，通过主讲教师和其他教师对公开课中得失的总结与交流，实现教师经验的共享，而优秀教师经验交流则以优秀教师主讲为主，从而对其他教师进行启发。可见，A 校教师合作学习体现了关注教师经验学习的特点。具体来说，这种经验难以从书本中学到，只能通过观察其他教师的课堂，并通过与其他教师的互动交流才能实现。进一步地说，这些经验对所有教师的发展均有帮助。对年轻教师而言，可以积累授课经验，减少恐惧感和疑惑感，并通过教师的互评找到自身的不足，及时地完善与发展；对老教师而言，则可以通过观察年轻教师的课堂，获得新的教学思想，新的教学媒体使用，更新教学技术，使自身的发展再次焕发生机。伴随经验的交流，教师之间的关系同样日益密切，逐渐想交流、愿意交流，使备课组中的教师成为一个富有活力的集体，从而实现所有教师的共同成长。

除了主备教师间的互动，教师合作学习中的教师互动还体现在主备教师与参备教师及其他参备教师间的互动。这个层面的互动则是贯穿于整个合作学习的过程中：一是在评课过程中自评加互评模式给教师提供了交流的平台。通过这个平台，教师有充足的时间进行互动和交流，有效帮助教师及时了解自身的优缺点，更好地获得发展；二是在优秀教师的经验交流中，尽管以优秀教师进行主讲，其他教师听讲的模式，但其他教师却将其视为一种"精神的互动"，而非简单的单项传递与接受的过程，同样珍视这一与众不同的互动机会。除了主备教师和参备教师的交流外，其他参备教师在集体备课中亦在不断进行互动，如参备教师在集体备课过程中可以随时发言，或进行质疑、或提供其他参考资料，从而使教师可以真正利用集体备课的时间进行互动与交流。

（二）教师学习共同体视域下的课例教学实践

课例研究的实践出现了任务驱动下的强迫愿景、困难阻碍中的无奈应对、貌合神离下的教研形式化、偏重个人式的价值定位等的问题，偏离它应有运行机制运作下的样态，产生了实践现状与理想诉求下的差距。因而，需要探索弥合这种差距的践行路径，以促进教师学习共同体视域下的课例研究的真正实现。

1. 培育源自教学与问题驱动的共同愿景

共同愿景是教师参与课例研究的动力源泉，关系到他们投入热情与奉献的程度，能够直接影响到整个实践活动的成效，培育来源于教学并以问题为驱动的共同愿景，是改善教师被动参与和懈怠应对课例研究的关键所在。教师在课例研究中的共同关切，是指教师出于对教育日常中某一现象的关心，而产生需要解决的问题或困难，这一问题与困难是每位教师共同面临的，并迫切想要通过合作探寻出发生原因与解决策略。人们追寻共同愿景最主要的原因之一是期望在重要的事业上找到沟通和共鸣。当课例研究真正形成每个人都渴望的共同愿景时，就会激发教师集体的创造热情。这也说明，课例研究需要的共同愿景，不是由上而下的宣告或命令，教师不是被动接受或顺从它，而是教师由共同关切自发产生的，凝聚着每位教师的愿力。重视教师的共同关切是因为，一方面，教师对与自己关系密切的问题更感兴趣，也更接近教师的个人愿景，容易引发教师集体的共鸣；另一方面，有利于实现教师对共同愿景从顺从到承诺的转变。教师对课例研究的顺从表现为：不持有反对的态度，而是跟着集体的步伐，接受所分配的任务，在一定程度上他们并不排除课例研究，但未从内心真正加入或自愿承诺。而承诺则表现为：教师参与课例研究是满腹激情的，有一种内隐的能量驱动着他们，他们并不会完全循规蹈矩，而是在忠诚于共同愿景的基础上，发挥自己的创造力。

定位到研究主题的确定，都忽视了教师的共同关切。例如，在作文教学的课例研究中，教师事先并不清楚这次实践的价值导向，而只是当成学校要求每个教师都必须完成的任务，确定研究主题也没从教师当下面临的问题出发，以致将课例研究引入形式化的误区。对这一误区的矫正，就要从课例研究的整个实施过程入手，注重教师共同关切，了解他们热切希望解决的教育教学问题，然后再由教师自主商定研究的主题与内容。教师的共同关切对共同愿景生成的影响，具体如图4-1所示。教师的共同关切由对教的困惑、学生如何学中而来。这样而来的共同关切，成为形成共同愿景的来源，能调动教师投入课例研究的热情，又能进一步促进共同愿景的清晰。教师的共同关切也能反映出个人愿景，当个人愿景在课例研究中不断达成一致时，就有利于达成从个人愿景到共同愿景的过渡。

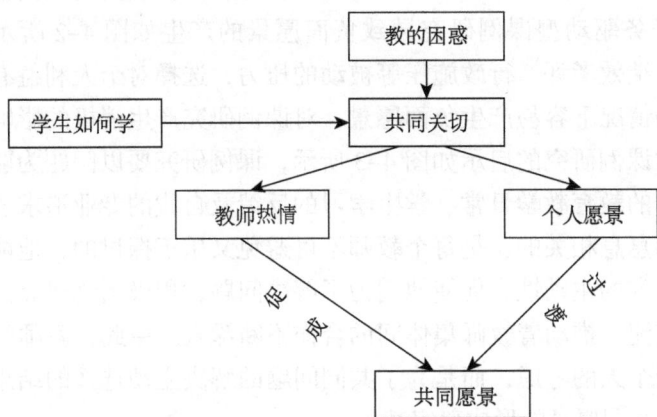

图 4-1 教师的共同关切对共同愿景生成的影响

课例研究将教师的共同关切融入共同愿景中去，是共同愿景发挥动力源泉作用的关键，也是改进教师懈怠课例研究的思路之一。

2. 聚焦现实的主动选择

共同愿景不是飘浮在空中的，而是要面对真实的教育环境，是对教育教学的现实考虑，也是对追求教学改进的超越。因而，课例研究的共同愿景要源于教师的共同关切，聚焦教学中的具体问题，再由教师通过共同实践逐渐变得清晰。

共同愿景的价值体现在课例研究的各个环节，一个积极正面的共同愿景，能促进课例研究各个环节的有序进行。课例研究是一种集体的活动，它强调教师的主动参与。诚然，课例研究要求教师自愿主动的选择，当然作为其动力源的共同愿景，自然要是基于教师的自愿选择、主动生成。然而，共同愿景在性质上也有正面与负面之分，这两种性质的区别简单而言：一种是在追寻什么；另一种是要避免什么。正面愿景是人们主动追寻自己内心想要的，而负面愿景则消极规避着自己不想要的。负面愿景对课例研究的局限主要体现在，教师并不真正关心课例研究真正的价值追求，凝聚教师的力量也不是出自内心的愿望，而是出于对考评或行政压力的考虑。负面愿景并不能满足教师持续学习的需求，也不能成为课例研究的动力源泉。显然，聚焦教学问题、教师内发的正面愿景才是课例研究所需要的。从实践过程来看，Q小学课例研究之所以存在"额外负担""焦点不明""敷衍合作"的问题，是因为教师以任务的完成为取向，或者说是任务驱动，正面的共同愿景并未真正生成。任务驱动型课例研究导致负面愿景的产生如图 4-2 所示。教师由应付检查、绩效考评、行政施压等被动的压力，选择对个人利益有帮助的愿景，这样的情况下容易产生负面愿景，对课例研究产生消极的影响。正面愿景的生成对课例研究的启示如图 4-3 所示，课例研究要以问题为驱动，问题来源于教师的教育教学日常、学生学习的反馈及自我的专业追求。这些问题都是与教师息息相关的，是每个教师不可避免又乐于探讨的，他能调动教师参与课例研究的主动性，促使他们为了解决问题，积极围绕研究的主题，真诚与他人交流，推动着教师集体间的合作不断深入。由此，教师的愿景产生不只是基于个人的考虑，而是为了共同问题的解决主动选择的结果，为课例研究正面的共同愿景的形成奠定基础。

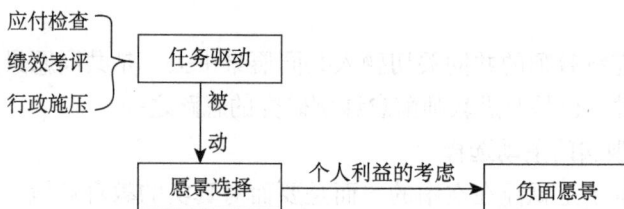

图 4-2　课例研究中教师负面愿景的形成

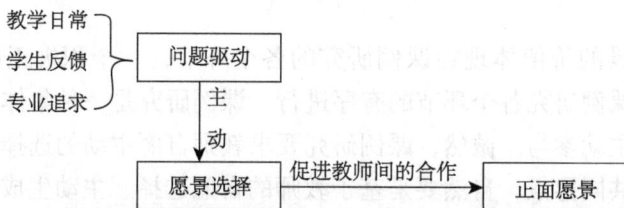

图 4-3　课例研究正面愿景形成的启示

3. 聆听与分享个人愿景

课例研究的共同愿景是一个逐渐清晰的过程，这一过程离不开教师对个人愿景的聆听与分享。教师彼此聆听与分享个人愿景，使大家了解相互的需要，以及所要解决问题之间的共通性，关心他人对相似问题情境的应对策略。教师共同关心的问题与个人愿景是紧密相连的，都根植于个人的价值追求、所关心的教学问题、对教育的期望与志向等。课例研究不仅是一种有关教育教学的实践活动，某种意义而言它也是一个组织，在这个组织中要鼓励参与人员不断地开发个人愿景，同时也要营造一个良好的交往氛围，使教师乐于与他人分享自己的愿景，并学会聆听他人的愿景。课例研究之初要促进教师之间的交流，使他们将个人内心的想法表达出来，并倾听他人的想法，通过不断的沟通形成共同的认识。教师聆听与分享个人愿景的做法，是实现个人愿景向共同愿景过渡的重要途径之一。聆听与分享个人愿景使愿景在课例研究中得到传播，愿景的传播是因为不断增加的清晰度、热情、沟通和承诺投入，它们会相互加强，成为一种正反馈的过程，而且随着教师不断的沟通与交流，共同愿景逐步生成并清晰；反过来，清晰的共同愿景又为教师指明方向与提供动力，进而激发教师对课例研究的奉献，由此形成一个连续的循环，成为课例研究不断朝向教师学习共同体发展的良好开端。

然而，在聆听与分享个人愿景的过程中，随着越来越多教师的参与，可能会出现意见与分歧，不同的愿景之间的矛盾也会显现。这个时候，妥协与压制矛盾是不可选的，而是应该尊重这种矛盾的存在，引导教师厘清他们对课例研究的期待，以及真正想要创造的蓝图是什么。尊重差异与矛盾存在的同时，还应该不断找寻调和多样性的方法与途径。以 Q 小学的课例研究实践为例，研究发现：Q 小学的课例研究缺乏对教师个人愿景的关怀，虽是在全校范围内开展的，但实际上还是每个教研小组的单独行动。在课例研究开展之前，教师并不了解彼此所遇到的困惑、所期望解决的问题、实现的目标等，因而共同愿景的生成更是无从谈起。此外，教师还需清楚课例研究价值理念，避免做任务的心态。聆听与分享教师个人愿景的过程，如图 4-4 所示，能为改进 Q 小学课例研究实践提供启示。也就是说，课例研究要尊重每位教师的个人愿景，保护教师对个人愿景聆听与分享的积极性，由教师个人愿景而产生的观点是多样的，就会出现分歧与矛盾，这时候就要有适当的方法调和这种多样性。例如，采用同课异构，给持有不同观点的教师尝试的机会。当分歧与矛盾得到调和以后，课例研究的共同愿景也逐渐清晰，教师对共同愿景的热情也更加高涨，这又反过来使教师对个人愿景进行更频繁、深入的聆听与分享。如此形成共同愿景不断清晰的循环过程，也使课例研究逐渐成为一个能够促进教师合作的组织，并不断向多质、创造型的教师学习共同体发展。

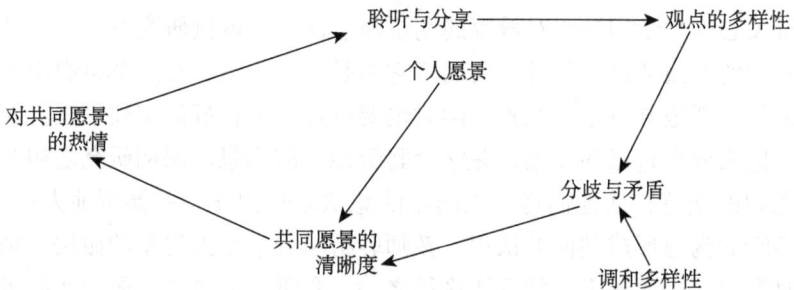

图 4-4　课例研究中聆听与分享个人愿景的过程

二、专家团队引领

为了缓解课程改革进程与教师专业发展相对滞后的矛盾，很多地方非常重视发挥专家引领的作用。教师需要的专家引领应该是专家通过对教师的教学进行诊断和评价、研究与分析，与教师进行面对面的探讨；应该是在浓厚的以校为本的教研氛围下，梳理教师课改的理念，引领教师的教学行为，激活教师参与教研的内驱力，并逐步形成自我发展、自我提升、自我创新的乡村教师专业化发展机制。

（一）教育理论引领，深入教师的教育实践

基础教育课程改革是对我国基础教育的继承创新，其目标是在实现课程价值的转变、课程结构的转变、课程内容的转变、学习方式的转变、评价的转变和课程管理的转变，这些巨大转变需要专家的理论支撑和一线教师的行动研究相结合。因此，需要教育专家深入教学一线，与教师一起发现、研究出现的新问题，对教师无法解决的问题要从教育规律的角度进行诠释。教育专家应该把握基础教育课程改革的重点、难点，从教师素质提高、课堂教学模式、评价体系方面进行超前研究，提出可供一线教师选择使用的基本思路。

（二）研究方法引领，与教师的实际工作相结合

为了适应新课程改革的需要，许多专家建议学校采取"科研促教，课题育人"的策略。让学校参与一些课题的研究或者承担某些课题的子课题，这一策略的确能够激发教师的研究热情，提高教师的理论水平，提高学校的办学水平，并推动课程改革进程。但是，缺乏专家引领的课题研究往往只是"伪研究"。如有些学校宣称：教师人人有科研课题，有开题，有过程，有结题。但问一问教师，他们却对所谓的科研课题要么一知半解，要么漠然视之，甚至毫不知情。专家包办的课题研究也是"伪研究"。有的学校尽管课题组成员众多，但方案制订、研究报告依靠专家撰写，课题研究的实施与调整也只靠一两个人完成。

引领教师教育科研能力的途径很多，最有效的莫过于促使教师在工作的过程中研究。从课题的确立开始就与本职工作紧密结合，在工作中产生课题。研究成果能够及时应用于工作，让教师在解决实际问题的过程中尝到甜头，在参与课题研究的过程中，学会教育科研的基本方法，培养其教育科研思想和提高其教育科研能力。有价值的专家引领，必须有效地提高课堂教学的效益；能使教师的研究摆脱经验的束缚，提高到理性的层面；能让教师学会科学的研究方法；会将教师的教学水平带入一个全新的境界。教师专业成长因专家引领而精彩，好的专家引领，凝聚的是智慧，燃烧的是激情，唤起的是灵性，收获的是享受。

（三）教学行为引领，到教师们熟悉的课堂中去

部分教师中流传着这样一句话"你听课，我做课"。一些教师"做"好一节课等着，专家来听课就把它拿出来。有时候，"专家"还与教师一起"做"，为了取得更加满意的效果，甚至一节课的内容要在班里演练好几次，有人开玩笑说，这个过程就像"排戏"。

真正有价值的引领应该是走到课堂中去，直面真实的课堂，真正的专家应该有敢于直面课堂的勇气，在真实的课堂中去检验理论，在实践的层面发挥理论的引领作用；真正的专家应该有直面问题的智慧，与教师们一道去发现问题，解决问题。在解决实际问题的过程中凸显专家的智慧，凸显理论的价值，在课堂这种特定的场景中去实现理论与实践的碰撞。

（四）团队评价引领，有效推动教师专业发展

教师评价的目的在于促进教师不断提高自身素质和能力，获得专业发展，更好地完成教育教学任务。但以往评价中过多地侧重了教师个人工作能力、工作量和工作效果等内容，特别是以教学成绩高低来评价教师，导致教师之间"斤斤计较"、竞争激烈，抢时间、加大作业量的现象愈加严重，加重了学生的负担和教师自身的负担，教师之间也因缺少合作而难以获得真正的成长。

为发挥好评价的导向作用，促进教师群体的专业成长，可从教研组、班级和师徒三个层面实行团队评价（捆绑式评价），以有效推动教师专业发展。

1. 以教研组为单位的评价促进教师教学、教研能力提升

以教研组为单位的评价，就是把一个教研组作为一个整体来进行评价。教研组评价内容包括：日常教研活动，即每个教研组开展集体备课和教研活动的情况，如参与的人数是否齐全，内容是否丰富有效等；听评课活动，是指组内听评课的次数、效果等，包括执教者的备课、说课、上课，课后的研讨与总结等；教学展示，是指本组教师在校内、外大型教研活动中提供公开课的数量和质量，参与各级各类优质课评比和论文评选的情况，以及在各种大型活动中提供的经验交流及影响力等；读书与写作，是指教师开展读书交流、撰写教育随笔（博客）和发表文章的情况；课题研究，是老师申报省市级课题及校级"小课题"研究的人数和效果；校本课程开发，就是在综合实践类选修课中开设选修课的数量、质量及校本教材的编写使用情况。

2. 以班为单位的评价使教师人人成为教育者

班级管理，在很多时候几乎就成了班主任一个人的管理，任课教师只有"教书"而没有"育人"的责任，由此也就有了长期以来被学生称为"语文老师""生物老师"等现象，这不仅是学科本位的体现，更说明教师在教育中的缺位。以班为单位的评价，就是班级各项工作的开展、综合质量评价要与每位科任教师的考核成绩挂钩，实行班级工作会诊制、学生成长导师制等措施。

班级工作会诊制，即定期以班为单位召开全体任科教师会议，对班级问题进行集体会诊，提出解决方案。有时是就班级共性问题，如班级文化建设、学习环境的营造、学生的学习习惯等普遍问题进行会诊，提出班级管理规划；有时是就学生近视问题进行会诊，发现学生作业偏重的现象而进行协

调，解决作业量不均衡或作业量过多的问题；有时是就一些特殊学生或过于个性的学生教育问题进行会诊，开展个案研究，针对某个具体学生制定教育方案，形成全员育人的氛围。

学生成长导师制。采取师生双向选择的方法确定"学生—导师"关系。"导师"必须关注学生的生活、学习、纪律等各方面的情况，定期（每周不少于两次）和"弟子"交流，帮助他们学会约束自己、遵守纪律、主动学习，树立学习的信心，形成良好的习惯。

3. 师徒捆绑评价促进新老教师共同成长

师徒捆绑评价，即将"师父"和"徒弟"二人的工作效果、成长状况捆绑在一起评价，"师父"优秀或"徒弟"优秀不能算优秀，只有师徒二人都达到目标才能算优秀。就乡村学校师徒捆绑评价具体形式而言，一是师父听徒弟上课及指导评课情况；二是徒弟听师父上课的情况和分析；三是师父指导徒弟备课和写教学反思的情况；四是师徒二人的教育教学质量及来自家长和学生的反馈。由于师徒捆绑评价，就使得"徒弟"的学习与"师父"的指导变得主动而有效，使师徒二人的工作相互促进，共同成长。

乡村学校新教师较多，流动性大，采取师徒捆绑评价的方式，能有效促进新老教师的共同成长。

第三节　在师生对话中实现专业发展

对话并不是一个陌生的词汇，已经渗透到了我们日常生活的各个角落，从日常的人际交往到国际关系的协调，无不与对话有着千丝万缕的联系。对话逐渐成为人与人交往的基本方式和重要手段。随着时代的发展，对话的内涵也会发生相应的变化。究竟什么是对话？不同的领域对对话的定义各不相同。

教育学视角下的对话观注重师生对真理的追求，精神的相遇。在雅斯贝尔斯看来，教育是人与人精神的契合，文化得以传承的活动。他曾说过，对话是真理的敞亮和思想本身的实现。在对话中，可以发现所思之物的逻辑及存在的意义。对话是师生之间及生生之间获得真理的一种方式，对话的目的在于生成新的意义。国内学者腾守尧更强调师生之间的伦理关系，主张师生建立平等、民主、自由的关系，通过对话激发出新意。腾守尧先生重视对话意识，指出对话意识决定交谈是否是真正的对话。不同的人有不同的对话观，因此对师生对话的形式的划分亦不同。

博布勒斯从对话与知识的关系及对待其他对话者的态度两个维度来区分对话的形式。对话与知识的关系可以分为两种：一种观点认为对话过程指向一个特定的结论或认识终点。博布勒斯称之为聚合性的对话。另一种观点认为对话是分散的，即对话中的每一个主张都具有多元性，博布勒斯称其为分散性对话。另外，博布勒斯认为，从对待对话伙伴的态度上来看，对话可分为包容型对话和批判型对话。包容型的对话者的首要任务是去理解对话伙伴坚持此种观点的原因及立场背后的信念。而批判型的对话者用怀疑和质疑的眼光来看待他人的主张，对他人的立场的客观性和准确性做出判断，并根据获得的证据、观点的连贯性和逻辑性进行验证。这两个维度的四个方面两两结合，由此形成了四种对话的形式，即指导型对话、探究型对话、谈话型对话及辩论型对话。

一、师生对话的问题分析

笔者通过分析课堂中师生对话的案例，发现师生对话大量存在，已成为教学中的常态。但是，师生对话还存在着一些问题，如有些教师只重视对话的形式，忽视对话的实质，以及平等、尊重、关爱等伦理因素在对话中的缺席等问题。

（一）教师把问答误作对话

对话不仅要有语言上的交流，更要有师生双方在平等基础上的精神相遇和思想碰撞。对话不等同于问答，问答只是对话借助的形式，却无对话的实质性内容和真实意韵。

课堂中充斥着大量以"问答"为特征的形式化、虚假的对话。有些教师没有领会对话的内涵而把问答误作对话，以为多让学生回答问题就能与学生进行对话。表面上看，教师尊重学生，给予学生更多的表达权，事实上这种问答式的对话徒有对话之形。教师仍然是对话中的主角，学生是用来配合教师的配角。教师具有决定学生发言的权利，教师通过点名的方式来决定交流的对象。在没有教师允许的情况下，学生是不允许说话的，一旦发现学生说话，教师会通过一系列教学管理的手段来控制学生的发言。课堂中讨论的话题、问题大多是教师在备课过程中甄选好的，问题的答案也是按照教学目标、教学大纲设定的。教师让不同的学生回答问题，目的是得到自己所认可的答案。如果学生的回答符合标准答案，那么教师会给予学生鼓励和表扬；如果学生的回答和标准答案相差太远，那么教师就会让其他学生回答，直到得到自己满意的答案为止。师生对话多采用一问一答的形式，较为明显地体现了教师误把问答当作对话。教师与单个学生的对话停留时间较短，只保持在一问一答，教师并不关心学生答案背后的深层理解，师生间很难进行思想、精神的沟通。在问答的过程中，教师态度鲜明。对于不满意的答案，教师多会流露出淡漠的表情，不给予学生积极的评价；对于满意的答案，教师则多会流露出欣喜的表情。实际上，学生思考出了三种不同的数量关系，这三种关系式并不存在谁对谁错，只是出发点、所使用的知识点不同。但是教师本节课讲授的知识是分数除法，所以教师就想让学生使用本节课所学习的知识进行解答。

（二）师生对话中平等的缺失

对话中平等的缺席主要包括两个方面：教师和学生存在不平等对话的现象、学生之间话语权不平等的现象。

教师和学生虽然在知识、能力等方面存在差别，教师可能对某些问题的理解、认识更全面、更深刻，但是在自由表达的权利上，学生和教师是平等的。从伦理学的角度来看，师生之间并没有尊卑之分，他们在人格和尊严方面是独立和平等的。平等主要指人格、地位的平等，也是学术思想、真理面前的平等，正如亚里士多德所说："吾爱吾师，吾尤爱真理。"师生双方都拥有思想的权利，即思考的权利、发表自己观点的权利及与他人展开观点争鸣的权利。

首先，教师与学生的对话中存在平等的缺席。教师是对话的启动者，决定着对话目的、对话内容、对话过程和对话结果。从对话的目的来看，当前课堂中师生对话更关注知识是否达到教学目标，是否使学生获得知识和技能，而不是关注学生作为人本身，亦即学生作为主体性的存在并没有得到应有的重视。从对话内容来看，教材、教师决定对话的内容，学生无权决定。一般来说，对话内容的选择是为了传授给学生科学、人文知识，不一定是学生感兴趣的内容。从对话过程来看，教师还控制着对话的节奏，教师可以根据实际情况随意打断学生的表达。教师还使用专制的手段强迫学生服从自己的意愿，剥夺了学生对话的权利。教师为了节省时间，赶上教学进度，不给予学生足够的时间来思考，而是把这个机会转让给其他学生。从对话结果来看，教师尊崇标准答案，通过不停地提问，在学生的回答中寻找自己期待的答案。

教师还掌握着对话的评价权，对学生不同的回答给予不同的评价，而且评价的主观性较强。总而言之，从对话目的到对话评价，学生一直处于被动地位，就连学生唯一拥有的表达权，还要受到标准答案的左右。

其次，学生之间话语权不平等的现象，亦即教师在与学生对话的过程中存在机会不平等的现象。虽然我们一直在强调在教育中教师要对学生一视同仁，给予学生同等的对待，但是从当前课堂师生对话的情况来看，师生的对话多为选择性对话。教师会根据学生的成绩、性别、担任的职务等方面进行选择对话的对象。从学生的成绩来看，教师更愿意与成绩好的学生进行对话。成绩好的学生通常积极举手回答问题，得到教师的关注较多，而且往往能一语中的，能够较短时间内回答出教师想要得到的答案，能够提高课堂效率；成绩差一些的学生由于缺乏自信，一般不会积极地与教师进行对话，长此以往教师对他们的关注度越来越低。从性别的角度来看，有些教师可能更偏向于和某一种性别的学生进行对话。从笔者听课的六年级来看，回答问题的大都是男生。从学生担任的职务来看，教师与学生干部对话次数明显多于非学生干部。

（三）师生对话中尊重的缺乏

"尊重"是师生对话中的一个重要伦理学概念。在伦理学领域，尊重与道德息息相关。"尊重"在传统意义上和现代意义上具有不同的内涵。传统意义中的尊重往往和道德相关联，是德性的重要组成部分。现代意义中的尊重更强调它是对一个人社会行为的基本要求和约束。现代意义上的尊重是个体处理人与人的关系时的一种基本的道德准则和行为规范。它要求我们把他人看成是独立、完整的，具有人格、尊严的人，并且对他人的价值、能力等予以承认。师生对话是建立在平等基础之上的，没有平等的师生关系，师生对话则无从谈起。真正的对话只能发生在具有同等话语权的个体或群体之间，不可能发生在话语的霸权者和话语的被剥夺者之间。

　　当前课堂中的师生对话存在着尊重缺席的现象，主要表现为：学生的人格尊严得不到应有的尊重；学生的见解被漠视。

　　首先，学生的人格尊严得不到应有的尊重。有的教师直接对学生进行人格上的侮辱，对学生冷嘲热讽。体罚和变相体罚是对学生人格尊严的践踏，严重危害了学生的身心健康，有可能使他们自暴自弃，破罐子破摔。有些惩罚还会损害学生人格的正常发展，可能使他们对社会和人产生恐惧和不信任感。当前我国的教育领域中体罚学生的案例极为少见，但是变相体罚仍是有些教师常用的管理手段。变相体罚名目繁多，如罚站、罚抄作业、罚扫地等。教师使用强制性的话语来要求学生服从自己，并没有尊重学生个性的发展。教师对学生的适度惩罚是必要的，但是惩罚的手段不能损害学生的人格尊严。

　　其次，学生的见解被漠视。学生是完整的、有无限发展潜力的个体。学生和教师一样都有着独立的人格和尊严。教学过程是一个师生在平等、尊重的基础上进行心灵的沟通，是师生双方精神世界不断丰富、深邃的过程。但是在现实的教育教学过程中，学生表达自己的见解和思想的权利并没有得到应有的尊重，这种权利往往被教师"家长式"的作风剥夺了。长此以往，学生的想象力和创造力在教师的话语霸权中被扼杀。在与学生进行对话的过程中，教师一味地追求标准答案，忽视标准答案之外的见解。如果学生的回答与标准答案一致，教师则会对学生大加夸奖；如果学生的回答与标准答案相差甚远，教师可能就会对学生大声呵斥。教师的行为极大地伤害了学生的自尊心，打击了学生回答问题的积极性。由于教师一直钟爱于标准答案，有些学生干脆放弃自己的真实想法，而去猜测教师的意图，进而求得教师的表扬。这样的课堂培养出来的学生必定是虚伪的、毫无创造力的。

　　教师对标准答案的推崇，使得学生养成附和教师喜好的习惯。学生不再表达真实的想法，而是加入猜教师意图的游戏中。课堂是知识不断生成的过程，严格按照教学目标、教学大纲来实施教学会限制学生创造性思维的养成，培养的只能是具有奴性的公民。

（四）师生对话中关爱的不足

　　当前课堂中的师生对话存在关爱缺席的现象。教育中存在着目中无人的现象：教师以权威者自居，把学生当作客体，学生沦为物的工具性存在。导致教育的目的在于培养学生的共性而不关心学生的个性和创造性的发展。有些教师由于缺乏职业认同及关爱意识，在课堂中冷漠地对待学生，严厉地对待学生的错误，控制学生。在对话的过程中，教师始终控制着对话的内容，并用批评教育或惩罚的方式来维持对话的进行。教师更关心的是怎样把书本知识传授给学生，并不关心学生是否感兴趣，以及学生的内心想法是什么。关爱的缺席使得师生不可能进行真正的对话。

（五）教师倾听的缺席

倾听是对话的前奏，对话是从倾听开始的，没有倾听师生就无法对话。通过倾听，教师可以了解学生的真实想法，根据学生的想法与学生进行对话。缺少了倾听，教师就不能深入地走进学生的内心世界，师生间精神得不到相遇，对话就无法进行。

当前的一部分中小学教师对于对话并没有深入的认识，头脑中没有形成健全的对话意识。大部分教师把重心放在教学目标、教学任务及学生的接受程度等方面，并没有认识到对话的重要性，形成对话意识。此外，教学任务过重，教材难度过大也是影响教师形成对话意识的重要原因。笔者曾经访谈过一名小学语文教师，该教师表示"有时候我也很想倾听学生的声音，与学生展开对话，但是现在的教学任务很重，在课堂上根本没有时间和学生进行长时间的对话。倘若教师总是寻求与学生展开对话，那么肯定不能完成教学任务。"每节课都有教学任务，而且每节课的时间是固定的，教师必须在固定的时间完成指定的教学任务，否则会影响教学进度。因此，教师不可能拿出充足的时间和学生对话，部分教师和学生对话也是为了引导学生更好地理解教学内容。由此可以看出教师把关注点放在完成教学目标上，缺乏与学生对话的意识。此外，考试评价制度也是影响教师形成对话意识的重要原因。当前的教育评价方式仍然以考试为主，考试决定了一切，教学沦为了考试的附庸。在考试的压力下，教师和学生丝毫不敢松懈，他们没有更多的精力来对话和思考。

对话双方必须处于平等的地位，地位的不平等意味着对话的不存在。教师和学生虽然在知识、能力等方面存在差别，教师可能对某些问题的理解、认识更全面、更深刻，但是在自由表达的权利上，学生和教师是平等的。师生双方都拥有思想的权利，即思考的权利、发表自己观点的权利及与他人展开观点争鸣的权利。要想让学生自由表达，教师必须使用对话技巧，引导学生敞开心扉，表达自己的观点。通过分析第二章的案例，我们可以发现大部分教师缺乏与学生平等对话的技巧，由此造成对话的中断或问答形式的出现。

教师应该给予学生更多的表达机会，在学生表达观点的过程中，教师要做到尊重学生，耐心倾听，不要随意打断学生，及时肯定学生的观点。此外，教师说话的语音、语调是对话技巧的一部分，对师生对话产生一定的影响。一般来说，深情、抑扬顿挫的语调总是比较容易吸引学生的注意，柔美的语调能够拉近教师和学生的距离，形成和谐、融洽的课堂氛围，便于师生对话，而强硬、生冷的话语只会增加教师与学生之间的距离，阻碍师生对话。

二、课堂中师生对话存在问题的原因分析

任何一种新的教育理念的发展过程并不是一帆风顺的，总会遇到一些阻碍。虽然对话理论为我国的基础教育注入了新的活力，但是当前课堂中的师生对话现状仍不尽如人意。造成师生间不能有效对话的原因有以下几个方面。

（一）教师缺乏对对话的正确理解

本书所探讨的对话是指双方在平等、尊重、关爱的基础上，以语言或非语言为中介进行自由表达，实现精神的相遇并寻求真理的过程。作为对话的双方，教师和学生不仅要有语言层面上的交流，还要有思想上的碰撞和情感上的共鸣。

当前，中小学教师对对话理论缺乏正确的认识，更多的是从教学经验和个人认知出发来理解对话的内涵。有些教师仅从字面意思来理解对话，认为对话就是教师和学生之间的交流，具体到课堂中就是师生之间的问答。因此，课堂中充斥着大量以"问答"为特征的形式化、虚假的对话。例如，课堂中的师生对话多采用一问一答的形式，可以看出教师由于缺乏对对话的正确认识，误把问答当作对话。有些教师没有意识到对话侧重师生间的自由表达，因此，教师更倾向于寻找标准答案，并不关心学生答案背后的深层理解。

由于缺乏对对话的正确认识，教师很难与学生进行平等的对话。教师往往会利用自身的权威来规训、控制学生，师生间的对话将会演变成传统教育中的灌输教育或者以问答为特征的形式上的对话。对话是思想的交流和精神的相遇，以开放的姿态来容纳不同的观点和声音，因此秉持对话意识的教师能够以包容、开放的心态对待学生的见解。例如，在具体教学中存在这一现

象，即由于教师缺乏对对话的正确理解，因而对于标准答案之外的观点全部否决，降低了学生自由表达的积极性，不利于师生对话关系的形成。

（二）教师权威主义观念影响师生平等对话的实施

自古以来，中华民族就有着尊师重道的优良文化传统，教师是社会的代言人，在社会中有着崇高的地位。然而，传统文化中过于强调教师的地位，相应地学生的地位远远低于教师，师生间毫无平等可言。师生对话是建立在平等原则基础之上的，而在传统的影响下产生的师道尊严观念是影响师生平等关系的重要因素。

在传统文化影响下形成的教师权威影响师生对话的实施。师生是一种"自上到下"的不平等关系，教师高高在上，采用家长式的专制做法来控制学生，以此来达到学生对教师的服从。在教学活动中，教师成为教学的中心，掌握着课堂中的话语权，课堂教学变成教师对学生进行的单向的、独白式的讲解。教师不允许学生产生疑问，不给予学生表达自我的权利，课堂演变成"静听"的场所，师生之间缺乏交流和沟通。长期在教师权威的控制下，学生如果对教师产生怀疑就会遭到教师的批评或惩罚。因此，学生不敢说话，对话能力减退甚至丧失，长此以往，学生形成惰性心理，不会再主动和教师对话。

在师生对话中，教师往往秉持师道尊严的传统观念，掌握着话语权。教师是对话的启动者，决定着对话目的、对话内容、对话过程和对话结果。总而言之，教师的权威主义观念是造成师生不平等的文化因素，教师习惯以传道者自居，总是想在课堂上体现自身价值，不肯把课堂还给学生。权威主义观念使得师生不平等的地位在教师心中根深蒂固，进而表现在课堂对话中。在权威主义观念的驱使下，学生没有过多的发言权，只能讨论教师选定的主题，在教师允许的情况下发表自己的见解。

（三）班级授课制影响师生对话的展开

16 世纪，西欧的一些国家产生了班级授课制的萌芽。17 世纪，经过捷克教育家夸美纽斯改进，班级授课制逐渐在全世界范围内推广。我国于 1862 年开始采用班级授课制。1862 年，清政府在北京开办京师同文馆，班级授课制才真正得到普及推广。直到今天，班级授课制仍是大多数国家仍然采用的最基本的教学组织形式。

班级授课制根据学生的年龄和知识水平编成人数固定的班级,由固定的教师按照各科教学大纲、课程表,一课接着一课地向全班学生进行教学。班级授课制在提高教学质量和教学效率,大面积培养人才方面发挥了重要作用。

但是,班级授课制具有一定的局限性,阻碍了师生对话,具体表现在以下几个方面。

1.班级授课容易演变成"满堂灌"

班级授课制一味地追求教学质量和教学效率,必然会突出教师的主导地位、权威地位,教师的家长式作风在班级授课中表现得淋漓尽致。课堂成了教师控制学生的场所,教师不断地对学生进行灌输,因此,班级授课很容易演变成"满堂灌"。教师的讲解贯穿整个教学过程,成为教学过程的导演,而学生只是沉默的观众。

班级授课制凸显了教师的主导地位,却忽视了学生的主体地位,呈现出一种不平等的关系。学生的主体性、主动性得不到充分发挥,他们只是被动地接受相同的知识,不利于学生个性化的发展。虽然在教学过程中,教师也曾对学生进行提问,但是这种问答并不是真正的对话,因为对话是建立在师生平等基础之上的。

2.大班化教学影响师生对话的机会

师生能够进行对话需要的前提条件之一——合适的对话人数。在戴维·伯姆看来:"如果对话的人数少于20人,大家很容易做到互相了解,于是说话时总要考虑到方方面面,并照顾到每个人。他们知道该说什么,不该说什么。做到这一点,对每个人来说都不是难事。但如果对话的人数是40或50人,再想继续做到这一点就不那么容易了。"

班级人数极大地影响着师生对话的数量和质量。反思我国目前课堂中师生对话存在的问题,可以看到我国学校中的大班额现象非常普遍。班级规模与"教育关照度"有直接的关系。一般来说,班级规模越大,教育关照度指数就越小。教师的关注范围在25名学生之内,而在我国,一名教师常常要面对几十甚至上百个学生。笔者听课的学校每个班的人数在50人左右,教师不可能关注到每位学生,学生和教师交流的机会较少。

班级授课制的其中一个特点是在固定的时间上课,上课时间一般是40分钟或45分钟。教师在课堂中不仅要与学生进行对话,还要在规定的时间内完成教学任务。如果班级人数过多,分给每个学生的对话时间就会更少,教师不可能在同一节课中与每位学生进行对话，只能和部分学生进行对话，这对于没有机会表达自我的学生来说是不公平的。缺少对每个学生的关注是班级授课制这种教学组织存在的缺陷，由此造成师生对话不平等的现象。

（四）座位排列方式影响师生对话

师生对话一般是在教室中进行，教室的座位排列方式会直接影响着师生之间的对话。座位的排列方式主要是指桌椅的排列形式。

长期以来，我国中小学教室中的座位排列方式大多采用"秧田式"。所谓"秧田式"座位排列是指两桌并排，横成行，竖成列，行、列之间保持一定距离，将教室的空间分割成条块状的排列方式。黑板和讲台在教室的正前方，学生面向教师而坐。"秧田式"座位排列方式能够在优先的空间内容纳更多的学生，节省教育成本，尤其是在我国班级规模较大的情况下比较适用。"秧田式"座位排列便于教师集中地向学生灌输知识，一定程度上提高了教学效率。

但是，"秧田式"座位排列方式不利于师生之建立平等的师生关系，更不利于师生对话的实现。讲台是界限，阻隔了教师和学生近距离地接触和对话。讲台还是权威的象征，教师站在三尺讲台上，位于首席的位置，给学生一种高高在上的气势，无形之中提高了教师的权威，便于教师俯视、监督全体学生，加强了教师对学生的控制权。学生坐在椅子上，整个身体被桌椅束缚住，四肢不能任意活动，只能正襟危坐，目光集中在教师和黑板上。因此，学生处于一种被支配的地位，只能接受教师灌输的知识。

这种"秧田式"的排列方式限制了课堂中教师和学生及学生和学生之间的对话。学生被束缚在座位上，只能和周围的有限的学生进行对话。正如国外学者史密斯在《教育环境评价》一书中所说，"传统的直列排排坐对同辈群体的互动最无益处，虽然这种安排有利于教师对课堂的控制，但是却无法促进学生的社会成长"。师生之间对话的机会和方向完全控制在教师手中。教师控制着课堂中的话语权，教师与学生之间往往以教学信息的单向传授为对话的主要方式。

根据物理学有关场的知识我们可以得知，场对周围事物影响的大小取决于距离场源的远近，在教师与学生对话的方面亦是如此。在"秧田式"的课堂中，处于不同位置的学生能够和教师进行对话的机会也不同。一般来说，位于教室的正中间和前排位置的同学比其他位置的同学得到教师的关注更多，有更多机会和教师进行对话。在班级规模较大时，坐在后排及教室四角的学生很容易被教师忽视，他们与教师对话的机会较少，在课堂中习惯保持沉默。这种"秧田式"的座位编排方式导致了师生对话机会的不平等，影响了学生的学业成绩及心理健康发展。

三、师生对话的改进策略

（一）增强师生对话的意识

课堂中对话缺失的一个很重要的原因是教师尚未真正地理解对话的内涵，没有形成正确的对话意识和观念。有些教师对"对话"存在片面的认识，仅从字面意思上来理解对话，认为对话就是说话、问答。因此，教师为了达到对话的效果，在课堂中不停地对学生进行提问，或者让学生频繁地进行小组讨论，整堂课就在不停的问答中结束。这些教师所理解的对话仅仅是语言学意义上的对话，而对话不仅涉及语言学领域，还涉及哲学、社会学、伦理学等多个领域。

虽然"意识"看不见，摸不着，但却无时无刻不在支配人的行为。对话主要是指一种"对话意识"。关于对话意识，滕守尧先生在《文化的边缘》一书中描写过，对话意识决定了交谈是否是对话，对话意识体现出民主精神，是指导对话双方在理解、合作的基础上的共同创造。没有对话意识，对话只是机械地问答，不是真正的对话。教师只有形成对话意识，并在对话理念的指引下，才能和学生进行平等的对话。

首先，教师要强化对话理论的学习。理论是实践的先导，理论指导着实践。很多中小学教师只关注自己所教学科的知识，认为只要上好课，做好本职的工作就可以了，对对话理论不感兴趣，缺乏有关对话的全面、正确的认识；还有些教师固守着自己长期积累的教育经验，排斥新的教育理念，或者"穿新鞋走老路"，名义上实践着对话理念，实际上没有做出任何改进。例如，教师由于缺乏对对话的正确认识，误把问答当作对话；教师大声呵斥学生，并没有平等对待学生及尊重学生的人格；教师没有意识到对话侧重师生间的自由表达，更倾向于寻找标准答案，并不关心学生答案背后的深层理解。从这些案例中我们可以看出，有些教师并没有真正理解对话。因此，强化教师对对话理论的学习尤为重要。对话是一种对教师的综合素质要求比较高的教育理念。教师要想在课堂中与学生进行对话，就必须学习有关对话的理论。

教师不仅要了解对话理论产生的背景、对话的内涵及怎样与学生进行对话。只有教师真正理解对话的有关知识，才能更好地与学生对话。

其次，教师要在日常教学中实践对话理念。教师一旦形成对话意识，并不代表教师能够很好地与学生进行对话，教师还必须在教学实践中践行对话理念。教师要把对话意识内化为自己行动的指南，在课堂教学的每个环节中坚持对话的理念。例如，在课堂教学中，增加与学生对话的频率；在对话过程中倾听学生的内心世界，从学生的立场出发理解学生；尊重学生的人格尊严等。

最后，教师要培养学生的对话意识。在对话中，需要教师和学生双方在场。如果学生缺乏对话意识，教师只能自说自话。因此，教师要激发学生的兴趣，培养学生的对话意识，引导学生积极参与到对话中来。教师要站在学生的角度，以爱、谦逊、尊重为基石，俯下身子与学生对话，只有这样，学生的内心世界才会敞开。

（二）提升教师的对话能力

倾听是教师了解学生的第一步，能够体现教师对学生的尊重和关爱。倾听的能力是保证师生对话最基本的能力。成尚荣教授曾经说过："对话是从倾听开始的，倾听是对话的前奏，没有倾听就无法对话，也就无所谓教育。"在师生对话的过程中，谈话者和倾听者构成对话的双方，不管是教师还是学生，都既是谈话者，又是倾听者。缺少任何一方，对话将不复存在。由于教师缺乏倾听，教师和学生之间没有产生对话。事实上，每位学生提出的问题都应该得到教师应有的重视，而不是抱有功利主义目的，只倾听那些和知识点有关的问题。因此，对话以倾听为前提，没有倾听也就没有对话。倾听在师生对话中具有重要意义，是师生进行对话的前提。缺乏倾听，就失去了对话的基础，失去了对话的意义，对话就可能成为"独白"，甚至是单方的"训话"。倾听意味着对对方的理解和尊重，学生作为拥有独立人格和尊严的个体，有其表达的需要，并且需要得到应有的尊重。教师要弯下身子，耐心倾听学生的想法，并对学生的发言做出恰当的评价，相信任何一个学生的发言都是精彩的。倾听建立在平等和尊重的基础上，使意义在主体之间双向流动，并在碰撞、探讨中生成新的意义。

教师作为对话的倾听者首先要树立平等观念，把学生看作一个有生命的个体。教师不再是权威的代表，不再是话语的"专享者"，只是和学生具有平等地位的倾听者。倾听建立在师生平等、尊重的基础之上。倾听意味着教师对学生的尊重、接纳，体现了生命之间的平等与尊重。汤姆·彼得斯认为："倾听可以使被倾听者产生被关注、被尊重的感觉，因此他们会更积极地投入到交流中。"倾听是师生双方打开心扉，相互理解、接纳的双向的交流过程。通过"倾听"，师生双方能进入彼此的精神世界展开对话。

其次，教师作为倾听者要耐心倾听每一位学生的声音，并对学生的想法进行积极的回馈。在师生对话中，有些学生可能表达不够清晰，语言不够简练，教师都应该沉得住气，耐心地倾听，直到学生表达结束为止。在学生阐述自己的想法时，教师不应随意打断学生的表达或武断地做出评价，尤其是不能为了赶教学进度而随意打断学生的发言；当学生的观点和教师的观点不一致时，教师要尊重学生，鼓励学生，给予学生充分表达想法的机会。

再次，教师在倾听的过程中要有肢体语言的回应。教师在倾听的过程中不能打断学生的谈话，只能通过肢体语言和学生进行对话。肢体语言主要有点头、目光注视、微笑，以及身体前倾等。在与学生对话的过程中，教师要身体微微前倾，面带微笑地注视着学生，并对学生点头示意，以此来表示对学生的尊重和鼓励。

最后，教师要做到客观、公正地倾听。所谓"客观"是教师让学生自由表达，教师不能把自己的想法强加于学生，更不能歪曲学生的思想。"公正"是指教师的倾听要先搁置己见，不带有任何的感情色彩和先入为主的想法。教师客观地倾听是教师走进学生的内心世界、真正理解学生的前提。教师在倾听时不带有主观色彩，不能被先前的思维假设所局限，以客观的态度倾听学生的声音。

（三）提高教师的对话技巧

缺乏对话技巧，是导致教师无法与学生顺利对话的重要原因之一，因此必须不断提高教师的对话技巧，主要包括语言和非语言两个方面。

在语言方面，一般来说，深情、悦耳的语调更容易引起学生的注意，保持学生的兴趣；抑扬顿挫的语调总更容易调节学生的注意力，进而促进学生倾听的效率。因此，教师要注意语音语调，尽量做到谈吐文明、热情亲切、平易近人，努力拉近和学生之间的距离，营造和谐、融洽的课堂氛围。此外，教师还可以运用幽默技巧。幽默感可以使课堂气氛更加融洽，对话更流畅。教师如果能以幽默的方式表达自己的观点，不仅可以释放自己，还可以增进人际沟通的效能，增进师生的亲密度。

在非语言方面，教师要通过肢体语言来表示对学生的尊重和关爱。在与学生对话的过程中，教师要走到学生面前，弯下腰，让学生感受到教师对自己的尊重，教师没有高高在上，教师和学生之间是平等的，可以进行平等的交流。眼睛是心灵的窗户，因此在对话过程中，教师要经常与学生对视，以目传神、以目传情、以目传意，充分发挥无声的语言在师生对话中的特殊魅力。教师还可以通过面部表情、点头等肢体语言来表达对学生的尊重。在学生自由表达观点的过程中，教师可以面带微笑，点头表示对学生观点的赞同。学生受到教师的鼓励后，更有表达自我的勇气和信心。教师的微笑如和煦的春风，吹进学生的心底深处，从而缩短了师生之间的距离，加强了师生双方的感情交流，促进师生之间的对话。

（四）选择开放性的对话主题

从第二章呈现的案例可以发现，对话的主体基本以教科书的知识点为主，具有一定的封闭性，而对话具有开放性，因此对话双方要选择开放性的对话主题。开放性是指对话双方是自由的，不受束缚，能够进行思想和精神的相遇和碰撞。开放性还表现在对话的主题是开放的、多元的。对话的内容不局限于教材，而是涉及科学世界和生活世界的各个方面。开放性话题是一种包容性极强的多元话题，它允许多种理解并存，接纳多种解决办法，不强调唯一标准答案，只要言之有理、有根有据就行。

北京亦庄实验小学开展的"全课程"教育实验引人注目，推出了跨学科整合的主题单元，主题单元整合了多个学科的内容，如音乐、舞蹈、美术等。亦庄实验小学所设置的主题单元更贴近学生的日常生活，能够引起学生的学习兴趣，让学生在游戏中增长知识，如二年级设置了四个主题：开学了、交朋友、做自己及找春天。开放性的主题并不要求答案的一致性，学生可以自由表达内心的想法，便于师生之间、生生之间的对话。

亦庄实验小学的教育理念把对每个学生的尊重落实到课程中，以此达到"尊重差异，为每个人的成长而设计"的目的。不论学生是否优秀，都得到应有的尊重。教师能够接纳学生的好与不好，欣赏学生的每一点努力。教师能尊重学生各种各样的数学思维，在研究个别学生的数学问题后，买来不同的学具。对于喜欢画画的学生，老师就专门为她开办个人画展。

学生和教师的关系是平等的，不是上下级关系，更像是朋友关系。学生在自由的氛围里说自己想说的话，做自己感兴趣的事。学生们的脑袋里不断冒出新问题、不断产生新想法、不断发展自己的兴趣，然后与教师、同学进行沟通、对话。

（五）拓展学生的对话空间

在传统教育中，学生的选择权、表达权受到极大的限制，对话空间狭小，影响了学生对话的自由。提高学生的对话能力，教师必须拓展学生的对话空间，使学生获得选择、表达和交往的自由，实现个性的解放。

首先，教师应该尊重学生选择的自由。"兴趣是最好的老师"，对话的主题的选择要符合学生的兴趣，能够调动学生的积极性。教师在选择对话主题时还要尊重学生的意愿，让学生参与选择的过程，尊重学生选择的自由。此外，选择的对话主题要符合学生身心发展的特点，贴近学生的日常生活，能够让学生有话可说。

其次，教师要尊重学生表达自由的权利，激发学生表达的欲望。表达的自由不仅包括独立发表观点的自由，还包括发问的自由及怀疑的自由。在灌输式教育中，学生的表达权不被重视，学生只能被动地倾听，没有机会表达自己的观点。当前课堂中的师生对话采用问答的形式，徒有对话的形式，没有对话的实质，学生表达的权利没有得到应有的尊重。教师控制着对话的内容、过程、对象及结果。学生不能自由表达，表达的权利完全取决于教师。在教师允许的情况下，学生才能表达自己的观点。学生的观点符合教师的期望才能得到认可，其他具有创造性的想法不被认同。案例S中的教师应该对学生合理的回答给予肯定，而不是打击学生的积极性。基于学生自由表达的缺席，我们倡导要给予学生自由表达的时间和空间。教师要从理解学生的角度出发，鼓励学生大胆地表达自己的观点，并对学生的想法给予理解和肯定。此外，教师要创造宽容、充满关爱的对话空间，学会微笑倾听，弯腰俯身，使学生感受到平等与尊重。

最后，教师要鼓励学生间的对话，提高学生的对话能力。对话发生在两个或两个以上平等的主体之间，对话不仅有教师的参与，还要有学生的在场。起初，学生并不了解对话为何物，并不具备对话的能力。因此，教师作为学生的合作者、引导者，必须要培养学生的对话能力。培养学生的对话能力是顺利开展师生对话，培养学生对话精神的基础。教师要发挥在对话中的引导作用，培养学生之间相互倾听的能力。有些学生的自制能力较差，在其他学生发表观点的时候缺乏耐心，随意打断他人的话，迫不及待地想要发表自己的意见。面对自制能力差的学生，教师就要引导学生将倾听同伴的声音放在优先位置，不要随意打断他人的发言。教师要使用有利于对话开展的话语，引导学生倾听，如"大家可以根据前面同学的观点发表自己的看法""在别人发言的同时，其他同学要边听边思考"等，这样就能避免少数人在思考，而多数人处于被动静听的状态。

（六）创设有利于师生对话的外部环境

1. 营造融洽的对话氛围

融洽的对话环境是对话产生和维持的必要条件，能够把教师与学生的心灵连接起来，便于师生进行精神世界的对话。要想实现师生对话，就必须营造融洽的对话氛围。

滕守尧认为出现"话不投机半句多"的情况大多是由于对方或者自己高傲的、冷漠的态度，阻碍了与他人进行对话。高傲的、不合作的态度造就了紧张、不和谐的氛围，不利于对话的进行。在传统教育中，师生之间是一种对立的、紧张的关系。教师高高在上，时刻树立自己的权威，表现出一种高傲的态度。教师没有把学生放在与自己同等的地位，自然不会倾听学生的内心世界。学生处于"卑微"的地位，对教师怀有敬畏之心，不敢敞开心扉与教师进行对话。

在对话中，教师要努力营造良好的、充满信任的对话氛围。教师必须降低姿态，树立师生平等的对话意识并以真诚的态度、具有亲和力的语气来和学生对话。具有亲和力的教师更能使学生产生信任和安全感，在融洽的课堂氛围中自由表达自己的观点。在对话中教师不仅要敞开自己的心灵，还要信任学生，相信学生的能力，对学生的观点要多持肯定、鼓励的态度。

2. 倡导排座方式多样化

座位排列方式是指教室内学生桌椅的排列、摆放形式，是一种教学空间的组织形式。座位排列方式在一定程度上影响着一个学生是否参与对话及参与的程度。

长期以来，我国中小学教室中的座位排列方式大多采用"秧田式"。"秧田式"的排列方式体现了"教师中心"的思想，便于教师控制学生的课堂行为。师生处于不平等的地位，学生的学习在很大程度上依赖于教师，丧失了学习的独立性。此外，学生与学生之间的对话受到了极大的限制。因此，传统的"秧田式"座位排列方式不改变，对话就难以进行。

为了促进师生间的对话，我们应该改变过去"秧田式"的座位排列方式，采用便于师生对话的座位排列方式，如马蹄形或圆桌形的座位排列方式。这几种新形的座位排列方式能在一定程度上规避传统教育的弊端，使学生与教师之间、学生与学生之间在平等的基础上进行沟通和对话。

（1）马蹄形座位排列方式

马蹄形也叫作 U 形、新月形，这种座位排列方式是指学生的课桌椅排列成 U 形，教师位于 U 形开口处的对面。教师不再被固定在讲台上，而是一个流动的符号。

马蹄形的座位排列方式打破了"秧田式"所形成的教师中心，能够让教师关注到每个学生，便于师生之间在平等的基础上进行对话。学生之间也能面对面地进行交流，为学生与学生之间的对话提供便利条件。

（2）圆桌形座位排列方式

圆桌形座位排列是指将桌椅围成一个圆形或椭圆形，学生面向圆心而坐，教师位于圆的中心的一种排列方式。这种排列方式比较适合 10～25 人的全班范围内的对话。与"秧田式"的座位排列相比，教师不再站在高高的讲台之上，不再是权威的代表，而是来到学生的中间，和学生平起平坐，建立起平等的师生关系。教师位于圆桌的中心地带，因此教师能够照顾到每位学生。此外，圆桌形座位排列方式使学生位于平等的位置，没有所谓优劣之分，使每个座位的学生都能平等地参与对话。斯坦克尔发现，当人们围成圆圈而坐时，由于眼光能相互接触，人们更容易与人相互交谈。

圆桌形座位排列方式拉近了学生和教师之间的距离，更容易形成轻松愉快的对话氛围，扩大对话的频率，有助于学生表达真实的感想，提出自己的意见。

（3）小组式座位排列方式

小组式座位排列方式是指 4～6 名学生围绕一张课桌而坐。小组式座位排列能够使几个学生近距离地对话，既有利于提高学生的对话能力，又有利于小组成员的合作意识和团队精神的形成。当教师想要培养学生的对话能力及合作能力时就可以采用小组式座位排列方式。小组式的排列方式在美国、加拿大等国的中小学的教室中非常普遍，在我国却较少运用。

马蹄形、圆桌形及小组式座位排列方式具有各自的特点，因此教师要根据对话的需要灵活选用座位排列方式。

需要注意的是，马蹄形、圆桌形及小组式座位排列方式对班级人数的要求比较严格，只有在小班化的教室中才能使用这几种座位排列方式。教室的大小是固定的，不同的座位排列方式，容纳学生的人数亦不同。一般来说，一间 20 英尺 × 30 英尺（约合 56 平方米）的房间按照教室式样（秧田式）坐 24 人，安排 U 形桌能坐 18 人。矩形、圆形、马蹄形之类安排要求班级规模不超过 20 ～ 25 名学生。有 25 名以上学生的班级需要采取双矩形、同心圆形和双马蹄形的安排。

3. 缩小班级规模，实行小班化教学

班级规模是影响师生对话的一个重要原因。戴维·伯姆认为，对话最好控制在 20 人左右。然而，我国目前学校中的大班额现象非常普遍，已经严重影响了师生对话的空间和时间。因此，缩减班级人数，实行小班化教育才能使师生更好地对话。

小班化教学是发达国家（地区）普遍实行的一种教学组织形式。"小班化教育"是欧美发达国家普遍推行的一种教学组织形式，我国在 21 世纪开始不断推行小班化教育，其最早出现在我国的香港特区、台湾地区。20 世纪 90 年代中后期，我国的一些发达地区如上海、北京等地陆续开展小班化教育实验。1998 年上海市区班级的平均人数是 32 人，1999 年班级人数变为 28 人，2000 年减少到 24 人。2010 年 7 月，《国家中长期教育改革和发展规划纲要（2010—2020 年）》中明确提出："深化课程与教学方法改革，推行小班教学。"2011—2014 年，我国连续召开了四届"大中华地区小班化教学会议"。2014 年，山东省东营市召开"环渤海小班化教育联盟研讨会"。会议及论坛的举办促进了我国小班化过程的不断推进。

小班化教育能够克服大班教学的弊端，便于师生进行对话。

首先，班级人数的减少能够使教师关注到每位学生，尊重学生的个性。课堂不再是"满堂灌""一言堂"，学生在课堂上拥有了更多表达自我的机会，便于师生更加了解对方，敞开自己的精神世界，接纳对方，从而获得精神上相遇。

其次，小班化教育使得教育活动拥有更多的空间，有利于改变"秧田式"的座位排列方式，采用马蹄形或圆桌形等有利于师生对话的座位排列方式。此外，活动空间的增大，教学活动可以摆脱桌椅的束缚，采用更加灵活的上课形式，如席地而坐的形式、做游戏等形式。灵活多样的上课方式能够使学生变得轻松愉快，在愉快的氛围里和教师进行对话。

最后，小班化教育有利于师生建立平等的师生关系。"秧田式"的座位排列方式的改变使教师放下权威的身份走下神圣的讲台，来到学生的身边，拉近了教师和学生间的距离，让学生感受到教师和自己之间是平等的，有利于学生放下芥蒂，畅所欲言。

第四节　自主学习与实践助力专业发展

一、教育政策要为教师自主学习营造良好的社会氛围

在影响教师自主学习的因素当中社会偏见和感知到的忙碌感是两个重要因素，而社会偏见和忙碌感与国家的教育政策有着密切的关系。教育政策是国家和政府制定的调整教育领域问题和利益关系的公共政策，是为实现一定历史时期的教育任务而制定的行动准则。一个国家的教育政策是影响教师学习的宏观环境因素，它为教师学习提供物质和精神保障。

如果教师最基本的生活需要和工作条件都无法得到保障和满足的话，教师专业发展与成长是无从谈起的，何谈教师的自主学习？大量事实证明，如果工资级别保持在教师认为不合理的水平上，那么教师会产生不满，就不能对职业发展、成就和认可的机会做出积极的反应。因此，保证教师生活和工作基本条件是教师发展和成长的先决条件。除了保障和提高教师的待遇外，还必须形成尊师重教的社会风尚。各级政府要加强教育政策的宣传，加人教育政策的执行力度，把国家的教育政策落到实处，产生实效，使教师职业真正成为令人羡慕、令人尊重的职业，使教师职业真正成为社会地位和声望较高的、具有吸引力的职业。良好的社会氛围会产生巨大的精神力量，激励教师不断发展成长，自主学习。

二、优化学校教师学习氛围，提供学习资源和学习机会

教育是一个使受教育者和教育者都变得完善的职业。学校就是教师的专业发展、学习和工作理想得以实现的场所。学校作为教师工作、学习的主要

场所，将不可避免地在物质、制度、文化等方面对教师的学习产生影响，正如荀子所说："蓬生麻中，不扶自直；白沙在涅，与之俱黑"（《荀子·劝学》）。实证研究显示，学校教师学习氛围对教师自主学习具有极其显著的预测力①。访谈过程中，教师也谈道学校为教师学习提供的资源和机会起着十分重要的作用。教师的学习需要学校的支撑，学校要营造支持教师自主学习的环境。学校要加强图书资料室建设，为教师的学习提供必备的图书、期刊、视频案例、教学光盘和录像设施等。阅读专业期刊和书籍是教师自主学习的一条重要路径。

在访谈过程就有教师说，他们也想学习提高自身的素质，但阅读的材料太少，现在的书比较贵，自己买舍不得。另外，学校应提供优秀教师的上课实录、教学录像和光盘等供教师观摩研讨。没有学习资源，学习就没有内容。建立必要的制度保证学习交流活动的延续性开展，在制度环境上保证教师自主学习。制度是规范教师行为，促进教师朝着目标不断奋进的有力保证。学校应该制定合理的学习制度，明确规定学习是教师个体、学校组织共同的持续不断的活动，建立理论学习制度、教学观摩、教学研讨制度，以制度来保证学习交流活动的常规性开展。同时，学校也要努力鼓励教师自觉意识到随机、非正式的学习机会，并在每日工作中共同学习。教学观摩可采用两种方式——横向支援形式和纵向引领式。横向支援形式是同一层次的教师之间相互听课学习的教学观摩形式，这种校内或学校间教师的相互听课和指导，教师间差距不大，有利于教师之间相互切磋，将所学的专业知识和教学技能能更好地应用到日常教学中；纵向引领式是由教学专家或骨干教师等高一层次人员引领的教学观摩示范课。这种形式能够减少横向观摩的同水平重复问题，有利于教师领悟新的教学理念，学习更高层次的教学技能，在教学水平上产生较大的飞跃。

开展各种竞赛活动，增加教师间交流的空间，提供教师学习的平台。就教学技能竞赛来说，它为教师提供一个自我展示及交流研讨的平台，既可以激发教师内在的发展潜能和动力，又可以在比赛当中将自己的教学和其他老师相比，与同事切磋教学知识和教学技能，从同事那里学到新的教学策略，进而促进教师专业发展。教学经验交流，是教师在总结自己教学经验的基础上和其他教师分享探讨，从而促进教学经验的完善和推广活动。教师间的交

① 李志凯. 小学教师自主学习及其学校影响因素 [D]. 开封：河南大学，2007.

流是彼此教学经验获得和补充的重要途径。只有了解自己欠缺的东西，才可能去扩充自己；只有了解自己教学的弊病和劣势，才可能不断去改进和完善。同时鼓励教师与专家进行交流、对话，共同分析教学研究中的重点、焦点问题，接受专家的先进思想和正确建议，以获得专业引领。

加强学校信息化建设，开发网络交流平台，拓展教师间交流学习的空间。教师面对面的对话、交流与研讨，由于受时间、场所的限制，实施起来往往不是十分便利。另外，由于受到学校内实际存在的教师间人际关系及资历与辈分等因素的影响，也会使教师不能真正畅所欲言，教师或多或少会有所保留，有所顾忌。在网络交流平台上，教师隐藏了自己的真实身份和角色，可以畅所欲言地交流对话，可以开诚布公地批评、辩驳，可以"无所顾忌"地阐发自己的理念和见解，可以实现观点与心灵的真实碰撞与交流。同时，网上交流还可以克服时间、场所的限制，可以延时交流、随时对话。

三、教师应当树立"工作学习化、学习工作化"的观念

当今社会是学习型社会，在现代社会人们没有任何理由可以拒绝生活着即学习着，生活着必须学习着。作为教师更应当成为学习型教师，生命不息，学习不止。第斯多惠在教师的学习问题上提出"不进则退"的思想，认为一个教师只有不断地学习，进行自我教育，然后才有能力去教育别人。一个一贫如洗的人，对别人绝不可能慷慨解囊；凡是不能自我发展、自我培养和自我教育的人，同样也不能发展、培养和教育别人。另外，从教师学习的特征来看，教师的学习不是脱离教学实际的空洞的学习，而是基于教学、解决实际问题的学习。通过学习，教师提高了认识，解决了问题，教学也会更加有效，教师的学习是与工作密不可分的。

教师应当树立工作学习化、学习工作化的观念。所谓"工作学习化"，就是把工作看作最好的学习机会和场所，把工作的过程看成学习的过程，在工作中学会工作。通过工作过程中的反思和交流进行学习，从工作中学习新技能、新方法，获得工作的经验，积累经验成智慧，从而提高教育教学专业技能。而"学习工作化"则是指将学习视为一项必要的工作，能每天不断的继续学习，如同认真工作时所投注的积极性一样，并培养出终身学习的习惯。把工作和学习有机结合，实现工作学习化，学习工作化。教师的学习不是储备性的学习，而是应用性的学习。教师的学习是基于问题的学习，学习是工

作中的一个部分，实践中的诸多问题是在学习中得到解决的。教师不要对学习有一种排斥的心理，认为教学工作相当忙碌，又要处理学生的各种行为问题，没有时间和精力去参加学习。

教师要树立终身学习的理念和意识，保持开放的心态，将学校视为自己学习的场所，通过工作与学习的结合，不断地对自己的教育教学进行研究，对自己的知识和经验进行重组，解决自身在教育教学中遇到的实际问题。实践证明，教师通过学习提高了自己的工作效率和教学水平，所提升的不仅仅是学生的学业和学习质量，同时也是自己的工作和教学质量。

四、实践行动助力专业发展

（一）教学实践行动分析

学校教学质量的改善归根结底取决于学校，特别是教师的研究态度，学校面貌的改变与教师的研究应是呈正相关，而教学研究的对象就是教学实践。这种实践是理智、负责的行动，本质是由实践者承担义务，在实际情况中采取明智而谨慎的行动。该行动一方面受到实践理论的指导，另一方面也通过行动丰富和完善理论。但实践不仅是行动，实践应该是针对当前的、直接的问题的行动背景所采取的策略性行动，任何一种教育理论或教育思想如果不能与教师的教学实践结合起来，不能内化为教师在教学实践中解决问题所必需的思想素材的一部分，它的生命力将是十分有限的。不改变理论与实践的分离的状况，期望通过理论的学习来提高教学和管理水平，就必须要自己的实践活动有新的认识，就必须在理论与实践的互动中走专业化成长的道路，行动研究为我们提供了一种可供借鉴的途径。教育行动研究意味着教师应该独立或合作开展课程研究工作，探讨教育方向、学生的成就、教学内容、积累研究材料、评价教学过程，也就是说，现代社会对教师专业素质与传统教育下对教师的要求有很大的不同。教师职业成为一个专业，就要求教师具有科研能力，实际上教育行动研究的观点就是让学校成为中心，教师成为研究者。

教育行动研究这一术语不但描述了一个组织教育研究的可行模式，而且指出教师开展行动研究是教师整个职业理想的重要组成部分，是对传统专业实践的扩充而非额外地增加。行动研究作为实践者在开展专业的同时进行的小范围研究和进修提高的一种方式，表明了提高专业实践认识和参与实践革新绝不是少数精英的特权。一般而言，教师可以不断地而且有责任地开展针对自己专业的研究。

教师的研究大量是结合自己的工作实践与对象展开的，因此，科研能力也是高质量教育不断发展的必要条件。我们应该大力提倡在教学实践中开展教育行动研究，因为在进行行动研究的过程中，教学者不再仅仅是知识的传授者，他一旦以研究者身份参与各种教改措施和改革方案的制定，就会以比较挑剔的眼光来审视教学，对教学的看法、态度、行为方式都会相应地发生改变，获得对实践情境的新的理解和改进，对教学活动及其本质产生更加深刻的认识。

教师的专业能力不是仅靠学习专业学科知识和教育科学知识就可以转化生成的，也不是仅靠教学经验的积累、阅历的增多而自然积累的，而是需要教师在实践中投入大量的精力进行研究，并将理论运用于实践中，也就是说，发展教师专业能力，要求教师在实践中进行在理论指导下的具体研究工作——行动研究，加深对理论的理解和辨识，分清理论的优缺点，更完善地了解和更准确地把握教育、教学情景，更敏锐地洞察、更深入地分析、更恰当地解决教育、教学情景中的具体问题，形成改进教育、教学实践的方案和措施，促进实际教育、教学工作的合理、科学与有效及专业工作能力的不断提高。

（二）实际操作中灵活运用教育行动

在实际操作过程中我们要注意操作的方法，如对怎样选题、怎样收集资料等方面的灵活运用，使行动研究与教育实践融为一体，使行动研究与教师的学习和培训融为一体，使质的研究与量的研究互相结合进行艺术化处理，以利于广大基层教师更好地开展教育行动研究，使行动研究更好地为专业发展服务，不断促进广大中小学教师特别是有志于成为"研究型教师"的专业成长。

1. 怎样选题

结合教育实践，教师可以灵活地从①自己感兴趣的问题；②教学中遇到的难题；③自己说不清楚的问题；④计划与现实不一致的问题；⑤现状与目标不一致的问题；⑥学生与老师的看法不一致的问题；⑦教师的意图与课堂实施效果不一致的问题等方面选题。

行动研究的课题来源广泛，在选择课题时，可从班主任日常工作遇到的问题或成功经验中提炼出课题；从学科教学改革实践或成功经验中发现课题；从合作课题中确定个人承担的子课题；从教育基础理论的学习中发现问题；从对国内外教育信息的分析中提出课题；从教育管理中发现课题等。

总之，发生在教学中，教师最希望了解和改变的现实问题都可以作为研究对象。即工作中的问题罗列出来，排序选出首先要解决的问题，对选题进行论证。但需要注意的是，选题不宜过大，要从小入手；选题目的是改进教学现状，提高教学效果；选择的问题是教师经过努力可以解决的问题，要避免那些有意义但教师本人解决不了的问题。

2. 怎样收集资料

行动研究不是在书斋里进行的，不是单纯地收集整理资料，而是从实践需要出发，不断学习和思考，在教育现场情境中去发现、研究和解决问题。

行动研究不仅充分体现了教师作为天然观察者得天独厚的优势，可以了解到学生的真实表现；而且，教师为了广泛占有和搜集第一手资料，除了更注重对学生观察的全面性、长期性，还引入访谈法、测验法、问卷调查法等科学方法，使其对学生的了解更为细致深入、客观准确。要注意搜集三方面的资料，包括背景资料是分析计划设想有效性的基础材料，过程资料是判断行动效果是不是、由方案带来和怎样带来的考察依据；结果资料是分析方案带来的什么样的效果的直接依据。考察要灵活运用各种观察技术及数据、资料的采集和分析技术，充分利用录像、录音等现代化手段。

随时搜集资料并思考其意义。行动研究的资料是多元的，所听、所闻、所想、所感都是资料，都要搜集。行动研究要尽可能使用第一手资料，因此非结构性观察、深入访谈、文件分析等成为主要的资料来源，文件又包括日记、田野杂记、自传、随笔、心得、报告、考卷、作业、录音（影）带、照片等，都可相继使用。例如，一张全校教师数（推知学校规模）、性别、年龄、服饰、组织结构、学校环境等，这些资料对解释问题或现象会有某些启示。因此，教师要拿起笔来，用心观察，随时发问，努力记录，缜密思考，行动研究由此生焉。

3. 行动研究与教育实践融为一体

从行动研究法的特征等方面来看，与教育实践是融为一体的。首先，是以解决问题和改进实践为目的。从行动研究的整个过程中可见：预诊在于发现实践中的问题。行动阶段在于解决问题、改进实践。其次，研究与行动相结合。行动研究的过程是研究进行的过程同时也是行动解决问题的过程。最后，以"共同合作"的方式进行，扬长避短。行动研究要求教师运用理论，系统地反思自己的实践，要求研究者深入实际，从实际中发现问题，并直接参与从计划到评价实际工作的过程，与教师一起研究他们面临的问题。所以，行动研究以相互参与和共同研究的方式在研究者与教师之间架起了桥梁，使之共同合作扬长避短。行动研究具有一个不断展开的螺旋过程，从行动研究的框架中可见第一个循环完了之后，进入第二个循环，从而使行动研究的整个过程构成一个不断上升的螺旋过程。

4. 行动研究与教师学习和培训融为一体

教师的学习是基于问题的行动学习。高负荷的日常工作和为了专业发展的学习往往在时间瓶颈面前矛盾重重，所以针对教学实践中的问题进行专业发展性的行动学习很好地把实践和学习结合了起来，学习成为工作中的一个部分，实践中的诸多问题又在学习中得到解决。因此，教师的学习就是基于问题的行动学习。教师的行动学习可以简单地归结为三句话：为改进自己的教学而学习；针对自己的教学问题而学习；在自己的教学过程中学习。

教师的学习是基于群体的合作学习。有研究表明，教师教学的新观念最多的是从自己的同伴那里学来的。作为一个职能共同体，不同的教师之间在知识结构、智慧水平、思维方式、认知风格等诸多方面都存在着差异。即使是任教同一学科的教师在教学内容的处理、教学方法的选择、教学情境的创设等许多方面也可以说尽显个人风采。这是因为每一位教师都是以自己的经验为背景来建构对事物的理解，所以理解到的只是事物的不同的方面，不存在一个人对事物唯一正确的理解。正是在这个意义上，每一位教师都要超越自己的理解，看到别人与自己的不同理解和别人看到的事物的另外的方面，从而形成更为丰富和更趋近事物全貌的见解。于是，每一位教师差异就是教学资源，差异就是合作学习的动力和源泉。教师基于群体的合作学习概括为以下三种类型：①指导型的合作学习：校外专家、教研员、学科带头人对教师的指导；②表现型的合作学习：开公开课、教学成果展示、读书汇报会等；③研究型的合作学习：专题讨论、课题研究等。

教师的学习是基于原创的研究学习。在过去，无论是教师的学习还是对教师的培训，总隐含着这样一个前提，即教师的教学及课程的改革其成败的关键在于教师是否掌握了一种好的理念、一套好的方法及一系列行之有效的诀窍。因此，教师的学习和对教师的培训都是推崇"理论指导实践"的价值取向。"教师即反思性实践者"的论断指出这实际上是一种误导，因为教师从根本上不是他人观念的储蓄桶，无论这种观念多么正确与科学，都必然要经过教师反思的检验。也就是说，他们的学习是反思性的学习，而不是全纳性的填充，并且教师在反思性检验的过程中，他们自身的经验也不断得到丰富、修正和完善，从而为今后新知识新理论的检验提供强有力的支持。教师的工作性质决定了只有教师自身的研究和反思才能触及教学实践的本身，这是植根于对教师教学实践的性质和对教师实践智慧的深刻理解与重视提出的促进教师专业发展的途径与策略，是对教师专业角色的重新认识和科学定位。

5. 行动研究强调质的研究与量的研究互相结合

当前，要重视质的研究。一般认为，质的研究主要有如下五个特征：①在质的研究中，自然环境是数据的直接来源；②研究者是获取数据的关键工具，又是研究的主体；③质的研究的数据是以文字或图片而不是数字的形式来收集的；④质的研究者既关注结果也关注过程；⑤质的研究的研究者更倾向于对数据进行归纳分析。

行动研究仍然需要量的分析。研究是要比较效果的，行动前与行动后的比较，就关系到了量的分析与比较，所以就纯粹的质的研究是不存在的。因此，制订行动计划的时候，就应要求教师分析相关的资料，对有关的数据进行整理，为实验后做好对比准备。例如，对所教学生采用了新的教学方法后，学生对所学学科的兴趣的前后对比分析，就必须在实验的前后，使用观察、调查的方法，统计分析得出结果，不能用模糊的概念来进行。"生动的故事 + 精彩的点评 = 好的案例"。点评即是评价，这既要有评价与叙事者在心灵上的碰撞与沟通，更要有量的剖析，让人们看到实实在在的效果。好的教育教学案例可以给人以借鉴，给人以启示。例如，有教师对怎样让学生乐意做不太愿意做的事进行研究，得出的结论就是要让学生在心理上认可，并认识到必须下大力气才能完成，而不是可以轻松达到的。由于有了这种认识，学生学习有关知识，就能静下心来，哪怕是机械重复的事，也愿意做。这对每位参加教研的教师都是有受益的。在教学中，学生的心里认可的人数的多少，必须提供一定的数据，进行一定量的分析。教育研究，就应实事求是，不应虚假浮夸，要具有不唯上、不唯书的研究态度。可以说，行动研究是教师专业成长的基石。

第五节 多方支持的校本培训助力专业发展

过去，作为"教书匠"的教师这一职业并没有被看作是一种专业，而随着当今社会政治与经济的快速发展，对于教育的要求也越来越高了，教师这一职业由简单的"教书匠"转变为"研究员"，教师的特点也由"辛苦型"转变为"科研型"，由"经验型"转变为"创造型"。教师这一职业越来越受到社会的关注，而教师专业化这一理念也成为当今教育界的热门话题，教师的主体地位和作用在教师专业化发展进程中得以确认。

所谓教师的专业化，是要求教师在专业生涯中，通过终身的专业训练，习得教育专业知识，实施专业自主，表现专业道德，并逐步提高自身从教素质，从而成为一名出色的教育工作者。而对于"教师的专业化"要比其他职业所面临的教育情境更具不可预测性、复杂性、不确定性和模糊性。教师专业化发展的根本动力是教师的主体参与性，使教师的创新精神和主体意识得到确立，可以促进教师的发展，要认识教师与其他教育工作者之间的关系，要认识教师与学生之间的关系，才可以进一步树立教师的责任感和主体性，为教师自身发展提供更加广阔的空间。

从教师的社会作用和劳动特点可以看出教师工作的重要性和艰巨性，教师要顺利完成社会和历史所赋予的重任，必须努力提高自己的素养。在社会物质文明和精神文明高度发展的今天，社会对教师重要性的认识有了很大改观，对教师综合素质的要求也日益提高，教师已不再是简单的"教书匠"，而是承载了更多培育下一代的艰巨使命。这就要求教师在角色上发生转变，要求教师在教学中注重学生创造力的培养，不断更新教学方法，要求教师跟上时代的步伐，灵活使用现代教育技术手段，要求教师通过学习开阔科学视野，不断提高自身的业务素质。现实中，教师每天都在忙于课堂教学与管理，没有集中时间阅读和学习，很多教师在"吃老本"，他们凭借已有经验或旧教案一遍遍进行着重复，教学方法和手段也还停留在几年前的水平，也有一些教师虽然思想上有觉悟，却苦于没有条件、缺乏有效途径，而校本培训正好提供一个很好的学习平台，它可以指引全体教师紧跟时代步伐，追踪最新的教育教学理念，有效地将科学的知识体系及时引入到课堂教学中。

一、乡村学校校本培训的方法

（一）校本培训：基于学校的发展

农村学校的发展是不平衡的，城郊的农村学校和边远山村的学校、乡镇中心学校与村小、教学点在师资、教学资源与设备、教学理念等方面都存在很大的差别，可以说每个学校都有自己独特的校情。因此，在教师校本培训的过程中，必须立足本校，以学校校情为基础，从教师现状出发确定本校的培训目标和规划，要有自己的特色，走自己的校本培训之路。培训既要考虑到学校和教师的实际，又要富有前瞻性。由浅入深，逐步推进，才能厚积薄发。例如，一所农村学校，代课教师多，而且没有经过专门培训的教师也多，怎么提升其水平？这跟城市学校的目标、方向、培训内容及所采取的措施就不一样。同样的一所学校，同样是公办教师多，但多数是师范院校毕业的与多数是民办转正的又不一样。因此，同样是校长，每个人所面临的问题不一样，所解决的问题不一样，目标、方向自然不一样。这就要求校长认真思考，采取适合于学校实际的方式方法。

（二）校本培训：以教师自主发展为基础

校本培训的本质在于唤醒、激励和鼓舞教师，用共同的愿景和民主的氛围形成一种文化的驱动力，引领教师自主发展。就从事农村基础教育教学工作的学校教师而言，其学习本身就更具有非常鲜明的探究与研究的色彩。因此，校本培训必须建立在对本校教师队伍把握的基础之上，从实际出发，充分挖掘和利用校内的培训资源。引导教师们自觉、自愿地做好培训工作。既提高效率，又有较强针对性。立足岗位、立足课堂、立足乡村教师教学实际，以提高教师新课程教学能力，提升专业化水平为长期目标；以转变教师观念，转变教学行为为基本目标；分层实施，分类要求，"不求整齐划一，但求人人进步"。

一方面，对于乡村教师校本培训的培训效果，我们不能指望它能像城镇所开展的那样对教师专业发展起到立竿见影的显著作用，毕竟无论是从师资、教学资源还是教师本身的素质来说，农村的起点相对较低，很多农村开展校本培训时，都把提高教师的教学基本功作为一项主要内容来抓，而对于校本教研则涉及的相对较少。另一方面，切忌脱离学校和教师实际，好高骛远，提出一些目前无法达到的要求，盲目地追求高标准、高起点。例如，有的教师理论知识缺乏，文化水平不高，要让他们承担课题，每年发表多少论文。这样做，既挫伤了教师的积极性，又难以得到好的效果。校本培训应坚持以师为本，最终目标是为了满足学校和教师的发展，促进教师专业成长。

（三）校本培训：校长是第一责任人

校长是校本培训的第一责任人，是培训的计划者、组织者、指导者和管理者。但在实践中，许多校长并不清楚怎样做好第一责任人。为此，县、乡镇要层层培训校长，让校长不仅充分认识校本培训的重要意义，而且熟练掌握校本培训的操作技术；不仅带头完成好自身的校本培训学习和研修任务，而且要担当起指导学校校本培训业务工作和督促检查教师校本培训的学习和研修情况的职责。

在农村，因为地理位置上的差异及外在保障和内在素质上的差异，各学校发展极不平衡。作为学校校长，对培训效果要有一种平和的心态，不能盲目攀比，给老师过重的负担，否则，既影响了正常的教学秩序，还让教师产生了浮躁心理。

（四）校本培训：学校中的问题是起点，问题解决是归宿

"校本培训"要以解决学校所面临的实际问题，促进学校的发展为直接指向，既要解决学校教育教学实践中存在的问题，又要进一步提升学校的办学水平和教师教育教学能力质量。在实践中，随着教育改革的不断深入，尤其是新课程改革深入以来，对学校的各项工作、教师的各种知识和能力都提出了更大的挑战，一刀切的培训不再适合学校，在学校内部，一刀切的培训也不再适合不同教师发展的需求。那么校本培训中谁来培训？培训什么？怎么培训？何时培训？都不妨尝试菜单式的培训模式，切实彰显其按需定训的优势。

二、乡村学校校本培训的方式

由于校本培训的灵活性和丰富性，校本培训的方式也丰富多彩。乡村学校由于具体条件不一，所以不可能采取统一的培训方式。对同一个学校，由于环境等的变化，不同时期也应采取不同的方式。一方面，我们要借鉴优秀

的培训方式；另一方面，我们要创造新的校本培训方式。从参与校本培训的乡村教师的角度，可将校本培训分为集体备课、互动研讨、专题论坛、案例学习、课题研究和自我反思六种方式，前三种基本属于合作探究型，后三种基本属于个体探究型。考虑到乡村教师的具体情况，倾向于校本培训应该多采用个体探究型，而最重要和最有效的应该是参训教师的自我反思方式。

（一）集体备课

这里的集体备课不是简单的汇总，而是强调集体的碰撞和交流。它的程序是：个人自备—集体议课—专人整理—总结修改。个人自备时要突出重点，着眼于研究如何从学生实际出发创设教育情境，如何指导学生学习，如何从教和学两个方面设计和组织教学，如何组织有效的变式训练。不仅要设计好教学方案，还要写好教学心得和反思，列出自己感到困惑的问题，供集体议课时交流研讨。集体议课时要采用"问—说—议"结合的动态式形式，大家还应该互换角色，质疑问难，形成多向的信息交流，追求的是一种在争论中碰撞出智慧的火花的交流效果。议课后要及时派专人整理，按不同的思路整理出不同的方案，供教师自己选用。教师还应该从自己和本班的学生实际出发，再进行反思和修改，重构教学方案，使其既充满集体智慧，又体现个人风格。

（二）互动研讨

这种形式一般是围绕某个典型课例进行的，它注重让参训教师直观体验和感受新理念的教学组织形式，鼓励教师结合自身实际平等讨论，并辅之以专家分析，帮助教师在参与中品味、体验课例所蕴含的教育理念与教学技能。这类研讨由集体听课、分组讨论、大会交流、专家分析、总结评估等环节进行，也有组织实战性研讨的，即直接将培训设在课堂，边教边研边讨。互动式研讨的重点不是理论学习，而是提供"教什么"和"怎么教"的模式，是为了直接解决问题。在这种形式中，没有传统意义上的"教师"和"学员"，大家都是平等的参与者，这有利于调动教师的学习热情和发展潜力，使他们真正成为自己学习的主人。

（三）专题论坛

专题论坛是学校为促进教师专业成长而搭建的开放性、互动性的交流平台，它特别突出名师培养和专业引领的作用，主要包括专题研讨、名师沙龙、专家讲座等形式。专题研讨的内容是基于学校教育教学实践中产生的疑难和问题，一般要提前发布，供有兴趣的教师钻研。参加研讨的教师要围绕专题做大量的资料查阅，思考总结自己的经验，有时还要调查访谈，并且还要应对可能的质疑。对主讲人是一次全新的挑战和走向成熟的机会，对参与的其他教师也是学习提高的机会。名师沙龙的对象则主要是学校热心教改的骨干教师和学校领导。名师登台不仅仅是介绍经验和进行辅导，重要的是用新理念对教学一线出现的问题进行理性化解读，有助于名师走上专家之路。专家论坛主要有学术专题讲座、教学现场指导、教学专家咨询，每一种形式都有特定功能。离开了专业科研人员有针对性的指导和参与，乡村学校教师的校本培训很容易在低水平上重复。

（四）案例学习

案例学习是分层次的，不同的教师应有不同的要求。首先是收集和整理实践素材，形成第一阶段经验（即案例）；经过分析研究，提炼出有价值的东西，有所感悟，形成第二阶段经验（即总结）；进一步把相关案例串联起来进行剖析，举一反三，升华为自己富有个性的理论，形成第三阶段经验。这是一个教师成长为专家型教师的必由之路。学校应定期组织教师"讲述自己的故事"，反省自己和他人的实践，在讲述中不断地进行自我剖析和自我角色定位，然后由专家教师和其他培训教师就其话语的合理性进行分析，研究疑难和困惑的解决办法，帮助教师提高对自己教学的辨别能力。校本培训的组织者要有意识地收集、提炼典型案例，有针对性地组织专门案例的学习。

（五）课题研究

课题研究是提高教师教育教学能力的有效途径，也是校本培训的重要形式。课题研究主要是指教师基于自身实践问题而引发的探索问题解决的行动研究。它的步骤是：问题—设想—尝试—总结与反思。教师要有问题意识，真正领悟"问题即课题，教学即研究"。确定研究问题后，教师分头收集相应的文献资料、案例，学习相应理论，经过讨论分析后提出假设，制定研究方案，再按此方案到课堂实验尝试，并根据实验情况调整方案，进行更细致的研究、总结与反思。这是一条符合乡村学校实际的研究之路。

（六）自我反思

反思是教师用批判和审视的眼光，对自己的教学行为和实际教育问题进行"回顾"和分析的过程。教师通过对教育问题的反省、思考、探索并做出理性的选择、判断和整理，从而促进自己观念转化，提升教学能力。按教学的过程，反思可分为教学前、教学中和教学后三个阶段的反思。教学前的反思具有前瞻性，能使教学成为一种自觉的实践，并有效提高教学设计能力；教学中的反思具有监控性，能使教学高质、高效地进行，并有助于提高教师的教学调控能力；教学后的反思具有批判性，能使教育经验理论化，并有助于提高教师的理论素养和研究能力。

三、多方支持的校本培训运行机制与策略

所谓机制，简言之，是指事物之间相互联系、相互制约和相互作用的方式。校本培训运行机制包括政策机制、保障机制、管理机制和专业引领机制。

（一）政策机制

校本培训的政策机制包括组织机制、激励机制和制约机制。

1. 组织机制

教师的"校本培训"必须有高效严密的组织机制。各校应建立校本培训领导组织机构，制定培训计划，统筹安排培训工作，积极组织全校教师开展培训工作，做到"三个一"——有一份针对性的计划、一套可行的实施方案、一套科学的考核办法，确保校本培训有序实施。

建立"校本培训"的组织机制具体包括：①领导班子。学校校长就是校本培训领导小组的组长，负主责。副校长根据专业或需要各分管一部分教师"校本培训"的管理工作和思想政治工作，并督促教师守纪律，出满勤。教务处主任负责"校本培训"计划的制订、课程的开设、教师的聘请、时间、地点的安排和考核等。把本校教师参加校本培训情况纳入教师岗位实绩考核之中，加强对校本培训的过程管理。②教师。教师是根据学科分组（班）的，另外还建立学科中心组、党小组和教工团支部，定期开展学科研讨活动和党团活动，交流自己学习提高的经验、体会及效果。同时，各级教育行政部门要加强对校本培训的领导，从本地实际情况出发，制定切实可行的培训

规划，并组织实施；加强对校本培训工作的督导检查，抓好典型，以点带面，不断总结经验，积极创造条件，促进校本培训的健康发展。

2. 激励机制

激励的目的是发挥教师的工作积极性。激励机制的健康、正常运行，可以有效地提高教师"校本培训"的实效。乡村学校可以采取以下几种激励机制：①责任驱动。即实行岗位目标责任制，包括干部的任期任务责任制和岗位目标任务责任制两个方面，并通过坚持督导促进各个部门、各个教师认真履行职责，执行规范，完成目标。②利益驱动。将学校的整体教学水平及教师工作的绩效与利益相结合，并努力形成个人积极性、工作效益与待遇之间的挂钩。③竞争驱动。即实行优胜劣汰，优化组合，择优上岗的全员聘任制，做到能者上、平者让、庸者下，使教师竞争进取，努力争创一流的工作、一流的质量。④评价驱动。即根据岗位目标任务评职评优，落后者评为不达标或基本达标，并限期提高。

3. 制约机制

激励机制主要是解决动力的问题，而制约机制主要是解决方向问题，保证"校本培训"沿着健康、正常有特色的轨迹运行。制约机制主要有组织制约、思想制约、制度制约与舆论制约等。组织制约主要是定期进行教工党支部、团支部活动，设立了共产党员和骨干教师示范岗，使党、团员、骨干教师牢记新时期党员、团员的历史使命。思想制约主要是加强教育，明确"校本培训"是开发教师智力资源，实施可持续发展战略的需要。制度制约主要是制订了一系列的规章制度，用制度规范参加"校本培训"的教师的行为，把参加培训和培训的效果作为教师年度考核的重要依据。舆论制约就是形成良好的舆论氛围，使参加"校本培训"为荣的舆论逐步形成。

（二）保障机制

合理的保障机制就是为教师的成长提供信息、时间和物质条件，帮助教师解决实际困难，解除后顾之忧，使其全身心地投入到工作与学习中。它主要包括经费保障、时间保障、师资保障和物质保障。

1. 经费保障

2005 年 11 月 10 日，教育部发布了《中国全民教育国家报告》，报告明确表示："将公共财政支出重点转向农村，增强省级与中央政府投入农村教育的责任。逐步把全体农村义务教育纳入公共财政体系，加大农村地区，尤其是中西部农村地区义务教育省级政府与中央财政的投入比例。"

因此，有必要增加中央和省级政府对农村义务教育的财政扶持力度，例如，对当前贫困地区农村小学教师继续教育经费不足的问题，可采取分头包干的办法，中央财政包国家级贫困县，省级财政包省级贫困县。

2. 时间保障

时间保障是根本，把校本培训常规化，每周在工作日划出专门的时间进行培训学习。平时教师教学时间紧，任务重，没有参加集中学习的机会。每月利用双休日以联片完小或中心小学为单位集中学习培训一次，为教师搭建交流互动的平台，一次解决一个实际问题，一次学习一种技能，一次研讨一个专题，长期下去，教师就会有所收获，有所提高。另外，为了确保活动顺利开展，县教研室也可统筹安排时间，统一要求，县乡校三级中心组每个月要定期开展一次活动，具体活动时间三级中心组交错安排，即各级中心组的活动时间不能同时安排在同一天，这样既不影响三级中心组活动的开展，又方便教研员下乡、下校抽查和指导活动的开展。

3. 师资保障

教育部在《2003—2007年中小学教师全员培训计划》中提到："组织特级教师名师讲学团赴西部农村讲学。在教育部支持下，委托部分省（自治区、直辖市）教育行政部门，组织特级教师和优秀教师，分别组成名师巡回讲演团，分赴西部农村地区进行巡回讲学。"同时，教育部2005年发布的《中国全民教育国家报告》也明确表示要"强化农村教师队伍建设，大力提高农村教师素质"，并提出了积极鼓励和引导优秀人才到中西部农村地区任教，建立城镇中小学教师到乡村任教服务期制度，加大对乡村教师培训力度等具体措施。

可以利用师范大学顶岗实习支教计划，在农村学校建立实习基地，选派教师带队组织实习指导，在保证师范生培养质量和实习支教连续性的前提下，每年在各师范院校选派师范生到贫困或边远山区实习一个学期，每位学生代行老师职责，开展日常教学。这样，当地的小学教师可以进城取经，以脱产学习的方式进行全方位"充电"。

县师资培训部门要加强对校本培训工作的指导。把中小学校的校本培训列入工作计划，纳入重要工作日程；指导、帮助不同类型的学校设计符合自身特点的培训内容和培训方式，充分发挥本地名师、学科带头人在校本培训中的示范、辐射和带头作用。另外，要完善城乡捆绑体制，做好城镇优秀教师下乡支教工作，同时，也可尝试选派优秀乡村教师进城，到名优学校边教书边拜师学艺的方式培养农村骨干教师。

4．物质保障

目前，教育部正在实施网联计划，教师教育体系和卫星电视网、计算机互联网及其他教育资源优化整合，有效运用现代远程教育手段，充分发挥相关高校的优势，构建以师范院校、其他举办教师教育的高校和教育机构为主体，以高水平大学为先导和核心，区域教师学习与资源中心为支撑，中小学校本研修为基础，职前、职后教育一体化，学历教育、非学历教育相沟通，覆盖全国城乡，开放高效的教师教育网络体系，共享优质教育资源，提高教师培训的质量水平。这就使广大乡村教师能够便捷获取、共享全国范围内的优质教育教学资源和教学培训资源，这样不仅能够降低乡村教师参加培训的成本，同时能够提高教师学习的实效性，提高培训的效益。教师网联计划实施两年来，大量的事实和实践证明，充分发挥远程教育的作用，共享优质教育资源，是大幅度提高乡村教师队伍整体素质的有效途径。因此，网联是教师校本培训的有效载体和最大的保障。另外，《中华人民共和国义务教育法》要求进一步加强乡村教师的队伍建设，特别提到，教师的工资水平应该不低于或者相当于当地公务员的工资水平，从而从根本上解决乡村教师的工资和福利问题。这无疑也对提高乡村教师专业发展的积极性，起到积极的保障作用。

（三）管理机制

建立适合农村小学校本培训的管理体制，让校本培训的各项目标落到实处。农村小学规模小，一所学校或教学点只有一名或几名教师，无法进行交流、研讨。建立完小联片的管理体制进行校本培训是解决这一问题的有效措施。完小联片的形式，是以确定规模稍大、师资较强的完全小学为主体，辐射邻近的村小或教学点。这样就形成了中心小学管理联片完小，联片完小管理教学点的校本培训管理体系，一级抓一级，一层管一层，级级负责，层层把关，校本培训就会落到实处。同时，联片进行校本培训，还可以实现校际交流，优势互补。管理上互相借鉴，教学资源可以互相利用，学校文化可以互相渗透，教学研究可以互相帮助。

（四）专业引领机制

乡村教师由于习惯于运用传统教学模式，对新课程的组织实施感到困惑，有畏难情绪，必须加强对教师的专业引领，充分发挥骨干教师的带动作用和辐射作用。农村学校普遍感到新课程实施的"明白人"太少，力量不足。虽然，部分教师参加了一定级别的培训，但是由于受自身素质和群体环境的影响，新课程的转化率不高，不能较好地将培训所得转化为教学实践，很难成为学校实施新课程的骨干和带头人。另外，由于地域特点，学校课改工作缺乏上级业务部门经常、有效的指导，制约了农村学校新课改工作的顺利进行。农村小学校本培训专业引领机制包含以下三个方面。

1. 业务学习

校本培训特别强调教师自我需求、自我完善，以此为基础的学习才有主动性，才能养成终身学习与反思的习惯。县教研室定期组织全体教研员进行业务学习，这种学习是以课程实施中遇到的各种具体教学问题为对象，以经验的总结、理论的提升、规律的探索、自身的专业发展为目的。有时学习活动放到基地学校中去，请学校的领导、教师参加，让业务学习的风气在学校生根开花。

2. 课题研究

课题研究强调：其一，理论引领——学习与本课题相关的资料，这种活动贯穿始终；其二，课堂实践——解决课堂教学中相关的实际问题，在课堂教学中积累资料，发现问题，寻找结果；其三，教师、教研人员、大学教师或科研人员形成的合作群体。

3. 专业人员的指导

学校教师间同一层级的相互支持是一种横向的互动，这种互动必须有纵向的研究人员的引领，否则只能是一些经验总结，甚至是盲目的互动。研究人员的工作带有专业引领的成分，但绝不是唯一的。乡镇小学的许多教研活动还必须聘请县、市级科研单位专家进行指导、专业引领，才能推进教师的专业发展，促进教师的专业发展。

第五章　信息技术支持的乡村教师专业发展

第一节　信息技术促进乡村教师师德提升

乡村教师的职业倦怠感与城市教师相比仍较高，且产生倦怠感的时间也较早，这说明以往的师德培养虽取得了一定的效果，但没有治本，没有从根本上解决乡村教师在提升师德修养时遇到的问题。随着信息技术的不断发展，变革了教育的各个方面，为乡村教师的师德培养也提供了新的思路。

一、提供区域优质资源共享平台

随着教育信息化的不断发展，学校、社会、国家纷纷开始开发数字资源，尤其是国家不断颁布相关政策进行推动。乡村教育是我国教育的短板，其在教育过程中体现的问题在一定程度上也代表了我国基础教育的问题，数字资源的开发与应用在各个地区的学校不断开展，乡村学校亦如是。但在使用的过程中，存在着一些障碍与问题，制约了数字资源在乡村教育中的应用。例如，乡村教师的信息技术能力水平达不到标准、学校建立的资源管理不规范、资源与乡村教育不匹配、资源质量参差不齐等。因此，应当构建一个针对乡村教师的优质资源共享平台。

Web 2.0 技术是对互联网的一场理念更新，将用户作为平台的主体，向主动创造的数字资源发展，其核心是个性化、分享、交流和协作。构建基于 Web 2.0 的优质资源共享平台与传统的教学资源平台相比，有以下优势与特点。

（一）为乡村教师提供个性化服务

当代教育提倡关注个体，尊重每个人的人格。促进个性化发展，不仅是学生的个性化学习，教师的专业发展亦是如此。Web 2.0 提供满足用户个性化需求的服务，为乡村教师提供个性化的服务，关键在于对每位使用平台的教师进行独立的数据分析，收集平台用户的观看历史、观看时间、检索历史等数据，通过分析技术分析用户的偏好及需求，为每位用户制定符合自身学习习惯和需求的学习方案。主动为用户推送其可能感兴趣的学习资源及咨询，并不断完善数据分析，开展实时的互动，为用户的个性化学习提供支持。

（二）关注个体，促进交流协作

在线资源平台为乡村教师学习的学习地点、时间提供了便利，使教师的学习环境更加宽松。但是由于进行在线学习时，学习者与资源提供者处于分离的状态，在遇到问题时交流沟通不便，从而影响了资源的效果。因此，在线资源平台应当关注使用平台的教师之间的交流，以及对教师的指导，为用户选择资源提供帮助。根据教师在检索或发表言论时使用的语言的偏好和习惯，采取可以引发其共鸣的语言。提供留言板、交流室、弹幕等功能促进用户的交流与协作，同时，在用户分享、上传、评价资源的时候给予嘉奖和鼓励，促进教师之间的交流。

（三）倡导资源共建共享

Web 2.0 倡导的是开放、协作的平台建构，"共建共享"是其不断发展的源头。资源共享的平台应当给用户提供资源编辑、管理、添加的自由。同时，要加强学习社区的建设、开展论坛讨论、互动答疑，促进教师之间的交流，使教师之间分享经验、知识与创意，使其转变成显性的数字资源。此外，可以为教师创立个人学习空间，使每位教师拥有自己的资源库，使每位教师在构建自己的资源库的同时与他人分享交流，共同建立资源共享平台。

（四）确保资源质量，满足教师需求

网络上数字资源数量巨大，良莠不齐，这也是造成乡村教师难以挑选出自身需求的资源的原因之一。因此，构建针对乡村教师的资源共享平台，要对资源质量严格把关。需要建立严格的资源审核机制，评价指标的制定要以乡村教师的需求为基础，为了避免恶意竞争，最终资源的评定要由学科专家、优秀教师与用户共同担任，将多方的评价综合在一起，对资源进行评

定。同时，资源的构建由乡村教师共同把关，可以在一定程度上满足教师的需求。

二、结合实际对乡村教师进行情感激发

师德的建设不是简单的照本宣科，不仅要有科学的理论指导，同时也要结合实际对乡村教师进行情感的熏陶，最终践行到实际教学当中。以往的乡村教师师德培养对理论的指导已有较多关注，但师德培养的方式多为讲座、教师讲授、文章研读等，取得了一定成绩，也存在内容陈旧，缺乏针对性，不具有实效性等问题。因此，师德的培养要做到理论与实践相结合，与实事紧密相连，组织案例分析，才能使师德的培养更具有效果。具体包括以下方面。

（一）通过视频影像对教师进行情感熏陶

视频影像是最直观的信息传播方式，也是人与人之间交流感情的重要方式。对乡村教师进行师德教育时，可适时地结合视频影像，以故事为体验的来源。影像故事可以是纪实的录像，这样可以使教师更全面地投入故事当中，代入感更强，也可以是改编或者创作的视频，这样更能体现制作者的教育要素。影像的选择最好与近期发生的时事热点相关，或者是在乡村学校发生的故事，这样可以引发乡村教师与自身教学实际相结合，进行更加深入的思考和领悟。

（二）开展教师之间的讨论与反思

在对乡村教师进行师德教育与情感感染之后，如果不及时的巩固与深入探讨，教师过一段时间就会逐渐地遗忘学习内容，这种现象在任何形式及内容的培训结束后都会产生。因此，必须在乡村教师内部开展交流研讨，并发表感想。这样不仅汇报的教师会加深对师德的感悟，也会引发其他教师的共鸣，达到教师的共同发展。师德的培养与学科知识或技能不同，需要的是潜移默化的影响与教师自身的体会，不能使用单方面强行讲授的方式。在培训结束之后，参训教师可以撰写师德感悟与体会，再一次巩固培训的内容，并将内容上传到朋友圈、论坛、空间等交流平台，与其他地区的教师进行交流的同时，也无形中感染更多的人，对整个社会的思想品质的提升有积极的

意义。

（三）将师德践行到实践当中

教师的师德的形成需要潜移默化的影响，如果只是单凭教育，难以激发教师的认同感，无法引发情感上的共鸣。因此，在日常的学校生活中，应当积极地开展师德教育相关活动，如"师德演讲""以德治教"学习教育活动，评选"师德标兵"活动等。同时，也要开展研讨活动，如"如何构建良好的教师道德""什么样的教师是好教师"等讨论。让乡村教师结合自己的工作实际和切身感受谈体会、谈认识，以唤起教师的爱心，让他们积极投入到为学生、为家长服务的活动中去。通过他们的沟通、帮扶、资助、家访等行为，让他们看到个人的劳动给他人带来的喜悦、成功与幸福，从而产生职业认同感和自豪感，激发他们的教育热情和精神动力。

师德的培养是一个长期的过程，除了组织正规的集体培训、研讨、比赛等活动外，也应当从点滴的方面入手，如通过学校的微信公众号，每日推送一条师德教育的小故事或感悟，有相关的正面新闻及时更新在学校的网站上等。唯有把师德的教育融入教师生活的方方面面，结合理论与实践，才能使师德教育真正取得效果。

三、由外部感染向促进内外结合进行转变

传统的师德培养方式基本由外部引导为主，毫无疑问对教师的外部引导是十分有必要的，但道德的生成是一个自主建构的过程，需要乡村教师自身意识的觉醒。乡村教师的师德培养需要外部的影响与内部的发展诉求相结合，两个方面相辅相成，互相影响，共同促进乡村教师师德的发展。对于成人的教育，需要注意的是要将传授的内容与学习者原有的阅历相结合。对乡村教师的师德教育，一方面每个人对自身都有道德要求，乡村教师总体来说道德水平比一般人要高，再加上不断开展的道德教育，因此乡村教师理论上来说更容易接受和践行师德；另一方面社会及学校对教师的道德要求可以一定程度上激发乡村教师的道德理想，使乡村教师的师德培养从外部感染转为内部需求，这其中最重要的是需要乡村教师的自主发展意识。

乡村教师自主发展师德自觉性需要培养其主体意识、自觉意识，需要充分肯定乡村教师在师德培养中的主体地位，使其提升师德素养的意愿不再是

外界的要求，而是来自自身的需求。基于此，乡村教师的师德培养才能真正发挥其作用。将外部的情感感染与乡村教师内部的发展需求相结合，乡村教师的师德教育才会取得更好的成果。

四、改进师德评价标准

以往对于教师师德评价的方式较为刻板，且比较形式化，而教师师德培训的考核则更加简单，基本就是通过做题来判定。师德的考核与知识技能相比有很大区别，知识是否真正的掌握可以靠题目考查出，技能是否真正的学会了可以通过作业体现。但师德是一个十分抽象的事物，无法从题目答案是否正确来判定，师德的评价应当是多层面多方位的长期评价，不能用学生成绩或教学水平作为简单的依据，不仅要关注教师的教学水平，也要从乡村教师的教学态度、日常作风、行为习惯等考察，同时也要注重其他教师及学生的评价。而对于师德培训之后的评价更是一个长期的活动，不能仅凭几道试题评定培训的效果。

对于乡村教师的师德评价应做到奖罚分明，从正反两方面进行评价。一方面引导乡村教师的师德向好的方面发展，另一方面也要在教师的思想出现偏差时及时给予惩处，令教师及时对自身的错误进行反思和改正，以做到乡村教师师德的良好发展。因此，应当建立教师师德档案袋，在全网信息共享，一旦有严重的有损师德的行为应记录到其中，使教师意识到师德的重要性，严格监督自身的行为。而在教师做了弘扬师德的良好行为时给予表扬，可在学校网站给予公示鼓励，两条线同时进行，促进乡村教师师德培养的顺利进行。

第二节　技术变革改变乡村教师教学方式

一、变革教学方式

（一）鼓励学生自主学习

传统的教学方式常把学生放在知识接受者的地位，忽视了学生的主观能动性，而实际上，让学生学会学习比让学生学到知识更为重要。以人为本、个性化是当今信息时代的特征，为教学发展提供了新的思路，也为其提供了技术的支持。

多媒体技术可以使用文字、图片、视频、音频等方式将教学内容呈现在学生面前，使课堂更加有趣，为教学创设了更加生动的环境，提高学生的学习兴趣；互联网提供了海量的教学资源，为学生的自主学习提供了条件——互联网拉近了地区之间的距离，使学生可以更方便地与世界各地的人员进行交流，接收自己感兴趣的内容。这样，通过信息技术对教学的影响，使学生的自主学习达到最大化实现。

（二）为教学创设情境

教育的目的不是为了知识技能的简单讲解，强行传授的知识不仅学生难以接受，也会被学生很快遗忘。根据建构主义理论，若想开展有效的教学活动，就应当创设合理真实的情境，使学生在情境当中进行学习，使用任务驱动，使学生深刻地理解所学习的内容。

信息技术的发展为教师建立教学情境提供了有力的支持，更容易构建出合理的教学环境，模拟各种学习情境。在课堂教学中，教师可以利用多媒体技术创设情境，并为学生分配任务，令学生根据任务开展自主学习，通过互联网查阅资料，最终进行汇报与交流。采取任务驱动的教学方式，加以合理的教学情境，使学生更好地掌握所学内容。

（三）促进学生的交流合作

教育教学应当培养学生合作学习的能力，传统的教学忽视了这一点，导致许多学生在进入社会后与他人进行合作时产生了很多困难，无法较好地融入团队并合作学习，共同进步。因而，教学应当改变以往互相竞争、独自学习的方式，利用信息技术开展各种协作学习活动。

学生之间交流互助的关键在于学习共同体的构建，而信息技术的发展为学生的交流合作提供了强力支持。一方面，为学生之间的交流提供了工具与方式，如QQ、微信、视频聊天、网络平台、论坛等，可以开展一对一交流，也可以一对多协作互助，开展各种活动。另一方面，信息技术也为学生与专家、教授等权威人士的交流提供了渠道，专家可以为学生的学习提供引导，为学生提供正确的方向。

二、转变教师学习方式

（一）为乡村教师学习提供更多的途径

长久以来，乡村教师进行自主发展的方式较少，基本包括阅读书籍、参与培训、向其他教师请教等。而在信息技术高度发达的当今社会，技术为乡村教师的专业发展提供了更多的途径，教师可以根据个人习惯和兴趣，对学习的内容、方式进行选择，如选择独自研究还是与其他专家学者进行学术探讨，采用案例研究或实践教学。信息技术为乡村教师提供了更多的教学资源，教师可以根据自身需求进行选择。对乡村教师来说，集中培训与面授往往会与其教学相冲突，导致培训的机会减少，因此，通过网络远程在线培训可以较好地缓解这一问题，使乡村教师的专业发展更具有自主性。

（二）打破了时间和空间的限制

技术的不断发展，手机、平板已逐渐普及，尤其是智能手机，已成为人们不可缺少的随身物品。技术产生的目的也许并不是为了促进教育的发展，但很多技术都可以为教育所用。乡村教师的工作繁忙就注定了乡村教师的专业发展不能经常采取长时间的培训或学习，其学习应当是碎片化的、随时随地可以发生的。移动设备的产生及其功能的日渐成熟为乡村教师的移动学习提供了强有力的支持，教师不再局限于在办公室或家里进行学习和自主发展，在课间休息、吃饭、睡前等零碎的时间都可开展学习。数字资源的不断涌现更是为乡村教师的移动学习提供了便捷，合理利用零碎的时间，促进乡村教师专业能力的提升。

（三）使乡村教师的反思更加多样化

传统的反思方式多为在教学结束后，对课堂进行反思和回顾，或由其他教师听课之后为教师提供意见与帮助。然而，听课毕竟只是偶尔开展的活动，乡村教师的教学反思多半还是依赖于自我反思。自我反思有一个缺陷即教师难以完全回忆起课堂教学的所有细节，并且在课上，教师要面对几十名学生，很难兼顾课堂的所有方面。技术的发展为教师反思弥补了缺憾，在课堂教学进行时，可以使用摄像头或摄像机将课堂真实地记录下来，一方面，在课堂结束后，教师可以观看课堂的录像，观察到课堂中忽略的地方，使用分析软件对课堂进行分析，进而进行更加全面、深入的反思。另一方面，教师可以将课堂视频上传到网上，与他人分享，互相交流，学习经验，共同进步。

（四）提升了乡村教师的信息技术能力

在当代信息社会，信息技术能力已经成为教师能力构成中不可或缺的一部分。我国十分重视中小学教师信息技术能力的提升，并开展了全员覆盖的教师培训。对乡村教师来说，信息技术能力与专业发展是相辅相成的，进行专业发展时需要使用信息技术开展活动，如获取数字资源，开展在线交流、网络研修等。而在这个过程中，教师的信息技术能力也得到了一定的提高，二者互相作用、共同发展，促进了乡村教师的专业水平提高。

第三节　网络研修促进乡村教师共同体构建

随着互联网技术的飞速发展，教师开展网络研修已逐渐成为一种教师交流的趋势。促进乡村教师的交流互助，应当构建乡村教师的网络共同体。网络学习的共同体是在网络环境中由不同类型的学习者及辅助学习者学习的角色共同构建的团体，具有交互性、协作性等特点。而教师研修则是一项教师教育研究的活动，以往的乡村教师研修活动基本是在校内开展，参与的教师较少。因此，要基于乡村教师共同体开展网络研修，增加参与的人数，使研修取得更好的效果。

一、研修模式构建

基于乡村教师共同体的网络研修模型如图 5-1 所示。该模型中，教师以问题解决为导向，基于网络研修的平台，通过 QQ、微信等交流工具进行辅助交流，由一人根据问题发起探讨，在专家或优秀教师的引领下开展教研活动，进行教学反思、经验交流，寻求问题的解决方法，随后运用到教学实践当中，再对应用的结果进行探讨、共享，以达成教研活动的循环开展。

乡村教师共同体		
网络平台	学习资源 乡村教师等人员	

教研活动设计		
研修目标	研修主题	交互形式

研修实施与管理		
资源共享	协作交流 问题解决	

研修评价与考核		
成果汇报	总结与反思	学习评价

图 5-1　基于乡村教师共同体的网络研修模型

二、基于乡村教师共同体的研修开展策略

（一）理论与实践相结合

理论最终的落脚点就是实践，乡村教师的网络研修、互相交流、分享经验、进行反思，都是为教学实践服务。因此，参与研讨的教师不应只一味地接受复杂的教学策略、高级的知识技能，而是应当在实践中应用、检验，根据实践过程中产生的问题进行修正，最终使其融会贯通。

（二）教师同时担任多个角色

在基于网络的乡村教师研修活动中，教师不仅是学习者，也是经验的分享者。在一次研修活动中，有的教师只聆听经验，扮演着聆听者的角色，有的教师参与到其中进行探讨，扮演参与者的角色，而有的教师教学时间较长，教学经验丰厚，充当着经验分享者的角色。每位教师不会一直只扮演一

种角色，在不同主题的网络研修活动中，参与教师的角色不断在转换，共同探讨研习，促进每位教师的共同发展。

（三）网络研修与校本研修结合

网络研修有其开放性、参与性等优势，是乡村教师开展研修的有效途径。但只开展网络研修并不能完全满足研修的需求。近些年来对乡村教师的研修一直提倡网络研修与校本研修相结合的形式，既可以充分利用优质的校外资源，又可以科学地结合本校具体情况有针对性地开展研修，能够最大化地提升乡村教师研修的效果。教师在网络上与优秀教师进行交流、分享经验，而在本校则可以对课堂进行现场诊断与指导，二者相结合，构建乡村教师的研修模式。

第四节 技术支持下乡村教师专业发展的创新实践活动

任何理论的出发点和落脚点都是实践，也必定要经历实践的检验，证明其科学性和有效性。因此，在经过对乡村教师现有问题的分析及策略和模式的提出之后，应当对其进行实践检验，基于前期的分析和乡村教师培训模式的提出，开展实践活动。

一、实践活动的设计

（一）前期分析

乡村教师信息技术水平较低，仅处于初级阶段，尤其是中年教师，对信息技术的接受较慢，仅能简单的操作计算机。随着信息技术在教学中的地位不断加强，乡村教师对信息技术能力的发展需求也愈加迫切。通过对乡村教师的问卷及访谈，可以发现多数教师对发展信息技术能力的需求较为迫切。同时，由于乡村教师师资力量短缺，每位教师的教学压力都较大，发展时间较为缺乏，在培训内容上更偏向于可以切实提高教育教学能力的实践培训。

微课作为一种新的教学辅助手段，以其短小精悍、针对性强、内容突出等特点迅速成为教学热点。微课的时间一般较短，符合中小学学生的认知特点和学习规律。现阶段，乡村教师在课堂上已可以使用 PPT 辅助教学，通过调查可知，已有少部分教师开始在课堂上使用微课。综合受调查教师的需求及实际情况，本研究以微课为主题设计课程。该课程主要包括微课简介、微课的制作方式与技巧、PPT 制作技巧及微课制作进阶四个方面。课程目的是使学习者对微课的概念有更深入的了解，学会如何制作微课并制作出更加优秀的微课。课程面向的对象是乡村中小学教师，学习者分析如表 5-1 所示。

表 5-1　学习者分析

培训对象	需求分析	培训目标	培训内容	培训环境
乡村中小学教师	培训学习机会需求	更新教育理念转变教学方式	微课内涵	PC 网页端
			微课制作方法	
	学习新的教学方式的需求	了解、掌握微课概念	PPT 制作方法与技巧	移动端
	个人能力、专业发展的需求	学会制作优秀的微课	微课制作进阶	

（二）网络平台的选择

上文对教师在线培训平台调查，简要地归纳了现有网络平台的建设情况，通过对培训案例的分析及模式的设计，我们可以看出网络研修在乡村教师培训中占有很大的比重，而网络研修的成效很大一部分有赖于平台功能的实现，学习内容、学习活动、教学评价等均需要网络平台的支持。经过多方比对，综合考虑平台的功能和应用成本，本研究选择"e 板会"在线教育网站作为课程的网络服务平台。

"e 板会"是一个大型互联网知识商城，主要包括的平台有教育平台（云教育网校）、电子教室、直播平台等，本研究采用其教育平台为技术支持。任何的教育机构或个人都可以在平台上创建自己的网络学校，开设课程。"e 板会"每所网络学校都有一个一级或者二级域名，平台提供一整套系统，涵盖各个方面，其中教学系统作为网校的主要部分，它功能强大，其录播、直播功能简易，作业、考试主客观题生产便捷、批阅方便，同时支持评论评价、调查问卷、游戏积分、互动答疑、多角色参与及多终端支持。

（三）平台支持的功能

"e板会"平台支持的功能有：构建教师研修共同体，为学员组建班级，进行班级内部研讨。提供优质教学资源，分为收费公共资源、录播的视频或课件、开展直播课等方式。交流讨论区，在课程下方提供留言板、右侧的在线讨论区以及视频弹幕。评价统计功能，可以对教师、学员进行数据统计，如作业查看、答疑统计、学分分析等。

（四）活动内容设计

通过对学员及活动目标的分析，确定了活动的阶段及形式如表5-2所示。通过问卷及访谈调查可知，乡村教师的信息技术能力水平较低，多处于简单的办公软件操作阶段。在教学方面对信息技术的运用仅在于播放PPT和视频，信息化教学水平较为初级。同时，教师对信息技术应用的原因较为被动，多为考评需要，或者其他教师在用，自己也去学的心态。因此，对乡村教师的信息技术能力培训要充分考虑其背景和基础，着眼于更新理念和实际应用能力的提升。

表5-2　活动阶段设计

活动阶段	具体内容	活动形式
准备阶段	参加平台的诊断测评，完成测试题目完成项目导学课程	自主学习在线学习
学习阶段	学习培训课程	在线学习网络研修
实践阶段	设计教学课件开展一场教学	线下实践
评价阶段	参加培训后测进行反思总结	在线评价

在充分考虑了受训者的需求及基础之后，结合受训教师教学的实际情况，设计了基于微课设计与应用的专业发展课程。通过调查，乡村教师在教学中已经开始使用微课备课及开展课堂教学，网上微课资源虽然丰富，但并不一定可以与自身教学内容及教学习惯紧密切合，而乡村教师的信息技术能

力难以制作出优秀实用的微课。因此，对微课的制作与应用及如何制作出吸引学生的微课有较强的学习动力。

经过对资料的整理整合，设计培训内容如表 5-3 所示。

表 5-3　培训内容设计

学习模块	主要内容
课程简介	课件1　微课简介 课件2　微课的类型与案例 思考对哪个微课最为喜欢或印象最深？ 您认为自身所教学科使用哪些类型的微课较为合适？
微课常用制作模式与准备	课件1　微课制作流程与方式 课件2　录屏类微课制作准备 课件3　拍摄类微课制作准备 课件4　微课制作硬、软件准备
微课选题与教学设计	课件1　微课选题与微课教学设计原则 课件2　微课教学资源整合与转换 课件3　微课框架搭建与相关脚本编写 课件4　微课设计案例分享练习 请为自己所教学科制作一个微课
PPT 课件制作技巧	课件1　PPT 制作的技巧概述 课件2　PPT 制作中文字的处理 课件3　PPT 制作中图片的处理 课件4　PPT 制作中 SmartArt 的使用 课件5　PPT 制作中动画时机的选择 课件6　PPT 制作中如何设置多动画
微课呈现技巧	课件1　注重信息呈现 课件2　持续视线牵引 课件3　恰当表现技术 课件4　给予重点提示 课件5　适当留白提问 课件6　恰当使用音乐 作业　使用该章节所提到的至少一个技巧修改已有或录制一个新的微课

续表

学习模块	主要内容
微课设计进阶	课件 1　发展学科思维 课件 2　微课设计与学习科学 课件 3　创建情感联系
教学实践	结合本次学习的内容制作一个微课，并将其应用到课堂教学当中

（五）活动管理

1. 课程管理

课程管理包括开设课程、上传课件、类目管理、排序、删除等。管理员登录平台后，可以在后台对课程进行管理。

（1）开设课程

在发布课程界面创建新课程，包括课程名称、课程介绍、课程分类、课程的有效期等。

（2）课程编辑

在课程创建完成之后，对课程内容进行编辑，可通过发布直播课与视频课等方式添加课程视频，设置课程开放的时间。添加课程相关资料以供下载，在课程学习的过程中设置问卷、课后练习等。课程的主要构成有课程目录、课程介绍、任课教师、相关作业、互动答疑、资料下载、调查问卷及统计分析。

（3）课程管理

在课程发布之后，管理员在后台可以对已发布的课程进行管理，将课程归类、重新编辑、添加、排序、删除等。

（4）课程学习

学习者通过计算机、手机或者平板，登录账号后可进行观看学习，账号注册方便快捷，并且支持 QQ、微信、微博账号直接登录。

在课程学习的过程中，学员可以在右侧对教学内容进行在线讨论，也可以发送弹幕交流，使学习氛围更加浓厚。学员在观看完教学视频后，可以在留言区对教学内容进行评价与打分，以便培训结束后对教学内容进行修改完善。

课程学习的界面包括以下模块。

（1）学员管理

学员管理分为学生管理和班级管理，主要功能为根据课程内容建立班级，对已进行学习的学员进行管理，导入学生信息等。对学员学习信息管理可以记录学员学习的轨迹，包括学习记录、学习进度、观看记录、学习时长等详细信息，为后期的学习评价提供较为真实的数据依据。

（2）测试评价

测试评价包括课前问卷评测、课后思考等。通过练习和测验管理员可以很快了解学员对教学内容的掌握情况及教学重难点设置是否合理，并根据实际情况对教学做出及时的调整和补充。对问卷及试题、思考题的编写既可以逐题手动编辑，也可以从文件导入。测试的题目类型包括单选、多选、是非题、论述题、综合题型等多种形式。在学员完成了测试之后，管理员可以在后台查看测试报告，报告中详细记录了每一位学员考试状态、考试时间、提交时间及考试结果。

二、实践活动的开展

（一）实践准备

1. 选取对象

根据实践需求，本研究选取 15 名乡村教师作为研究对象，参与课程的学习。为了解不同学科对于微课的适应性及应用程度是否相同，参与的乡村教师所教学科也尽量不同，包括语文、数学、英语、科学、美术等。由于乡村教师工作繁忙，课余时间较少，因此，将活动时间设置为 20 天。

2. 发布课程

在学习平台中，建立"乡村教师微课"网校并开通课程。将课程网址发送给参与培训的教师，教师根据自身需求自主学习，同时通过 QQ 群、平台等提醒教师进行学习。

3. 编写问卷

为了了解参训教师在参与培训前的原有水平，以及在培训过后获得的提升，作为最终评价的依据，编写相关问卷。

（二）实践流程

1. 课前诊断

在培训开展前，为了了解参训教师对培训内容的了解情况，并以此为依据设计和调整教学内容，首先要对参训教师进行课前诊断。诊断的内容主要包括：对微课的了解程度、对微课的看法及微课应用情况。收集参训教师对微课的认知情况，为之后调整教学内容，设置培训过程中的练习及测试，提供相关资料，学习进度的设置及最终评价提供依据。

2. 活动开展

参训教师根据自身实际情况自由选择学习内容及学习时间，但课程学习要在 20 天之内完成。在参训教师对课程内容进行学习的阶段，管理员应对课程保持较高关注，通过 APP、QQ 群等发布课程更新信息，提醒参训教师进行课程学习，并及时对平台中参训教师的留言及问题进行反馈和回答。对教师的学习进展进行实时监控，包括学习时长、学习时间分布、问题回答情况等，及时掌握教师的学习情况。

3. 课后评价

通过设计的评价方式对参训教师的学习情况进行评价。首先，通过课后练习、问卷、访谈等方式，从反应层和学习层对教师进行评估，了解教师对本次培训的态度，测量教师通过培训之后，基础知识、技能有哪些提高。其次，在培训结束后，对教师进行跟踪调查，在行为层面对教师进行评估，包括教师是否愿意应用微课进行教学，微课制作水平是否有所提高。此外，对参训教师所教授的学生进行调查，从结果层面对教师进行评估，学生对微课辅助教学是否有兴趣，学习效率是否有所提高等。最后，通过综合分析，对参训学员进行评价，检验教师在培训过后是否有将培训内容内化，是否提升教学水平。

（三）活动实例

培训的目标是使参训教师将培训内容彻底吸收，转换为自身专业能力的一部分，以达成促进教师专业发展的结果。因此，在培训结束后对教师课堂教学进行观察是非常直观的评价方法。本研究以某小学六年级英语教师为例，对培训的效果进行实践探索。

曹老师是 B 县某小学的一名英语教师，任教 10 年左右，在课程学习之后，担任小学英语教学。在参与培训前，听说过微课并且观看过优秀微课，但对微课并不十分了解，在课堂教学中使用的次数较少。在开始学习之前，她对课程内容的希望是更加注重实践的内容，过多的理论探讨对乡村教师的吸引力不大，最好要结合案例讲述，因为自身教学任务繁重，可以学习的时间较少，因此教学内容最好短小精悍。她挑选的课程为第一章走进微课、第四章PPT课件制作技巧及第五章微课呈现技巧。对为何会挑选这几个章节学习这个问题，她表示：自己对微课的概念了解尚浅，只是大概听说过，观摩过一些，因此在课程学习之初有必要对微课的内涵进行了解。PPT是乡村教师接触最多且使用最多的信息技术教学手段，但自己与部分同事的PPT多为网上下载，制作PPT课件的水平较低，难以吸引学生的注意力，因此想要了解如何制作优秀的PPT课件。选择第五章的理由与选择PPT制作相同，想要学习如何更好地呈现教学内容，吸引学生的注意力，提高教学水平。

经过课程学习，曹老师对微课的内涵和分类及各个类型的微课的特点有了一定了解。根据课程内容对以往的课件进行了修改，并尝试制作了微课，接着将制作的微课投入到教学当中，在自己所带班级进行了一次教学实践，班级有四十余名学生。

1. 教学准备

网上查询有关课程内容的教学材料（包括视频、音频、图片等），设计教学过程，撰写教案并整理、制作课程所需课件和微课。

2. 教学实施

课程引入阶段：在新课还未开始讲授时，教师首先播放一个微课的视频，该视频的主题是国外的圣诞节，为接下来新课引入提供了基础，吸引了学生的注意力，也拓展了学生的知识面，通过对微课视频的观看，学生了解到圣诞节西方人送礼物的风俗及接受礼物过后立刻打开的习惯，这与中国人的习惯截然相反，暗示了国内外的文化差异。

新课讲授阶段：本课涉及两种物主代词的用法，是本课的学习重点也是难点，学生对形容词性与名词性物主代词易混淆。针对这一知识点，教师播放自制的知识讲授型微课，时长5分钟左右，讲解二者的区别。学生自己观看视频内容进行学习，观看过程中与观看后，学生之间进行小组讨论，教师在教室中走动监督，在适当时间进行点拨。课堂氛围相对自由、开放、轻松，学生大多参与到讨论当中，培养了学生的自主学习能力。

巩固训练环节：在学生充分讨论过后，教师选取3位学生对知识点进行讲解，并举例说明。教师总结了学生的发言并进行评价。随后，教师播放了一段有趣的动物运动会微课，让学生根据视频内容，运用已有知识及本堂课所学新知识点对该视频进行解说。大部分学生可以达到老师的要求，可以运用本堂课所学的新知识，学生在思考创造的过程中，不断地成长，也体会到了学以致用的满足感，教学效果较好。

知识拓展环节：教师通过微课视频播放若干场景，让学生猜测视频中的人在做什么，代表了什么节日。让学生开阔眼界，了解中西方不同的节日及节日特色，同时拓展了学生的词汇量，并布置课后任务，检索中西方尽可能多的节日名称及节日特色，在下节课上课时共同分享。

3. 教学反思

此次实践活动是曹老师学习过微课课程然后对微课的选择、设计进行改进开展的教学活动，教学任务基本完成，学生对课程的兴趣与以往相比也有较大提高，课堂讨论与问题回答的积极性略有提高。但此次实践也有一些问题和不足，表现为：首先，学生长期以来接受的都是教师讲授学生听讲的教学方式，突然变更为学生自主学习，且遇到问题要小组之间共同讨论，而不是教师直接解答，令许多学生感到不适应，讨论初期学生对讨论方向有些模糊不清。其次，课堂讨论环节学生参与度较高，但由于学生人数较多，教师对讨论内容的掌控程度不能完全保证。因此，教师的课堂活动组织能力和技巧有待进一步提升，如何引发学生的学习兴趣，使其充分地投入到课堂活动中，是教师需要进一步认真思考的问题。

三、实践结果反馈

（一）课前诊断分析

前测问卷显示，受调查教师中只有一位教师对微课比较了解，有两位没听过微课，剩余教师听过微课但并不了解。总体来说，参训的 15 名教师对微课的了解程度普遍较低，微课使用频率也普遍较低。教师的微课获取来源多为网上下载和使用教材配套视频，几乎没有教师尝试自己做过微课，一方面是因为参训教师的信息技术水平较低，另一方面是因为没有时间和机会进行学习。

（二）课程学习分析

平台的功能基本可以满足教学需求，界面设置较为简单，课程内容呈现一目了然，操作简单，参训教师可以方便快捷地开展课程学习。课程学习后可直接参与课后练习及问卷调查。教师在近几年均接受过远程培训，因此在研究者详细讲述告知平台使用方法后，大部分教师可以顺利使用平台进行课程学习。参训教师认为校本的远程培训比集中面授培训要更适宜自身实际情况，可以自行选择学习时间和学习地点，不会耽误教学工作。

就学习方式而言，大部分教师仍习惯于使用 PC 端进行学习，学习时间主要分布于工作日尤其午休时间，这说明参训教师更愿意在上班时间进行学习，相对手机，乡村教师更习惯于使用计算机进行学习。

（三）课后评价分析

1. 参训反应

通过课程的评价、提问及课后问卷调查和访谈，教师在学习后对微课的感想。由此可以看出，大部分教师对微课的观点仍比较保守，但绝大多数教师对微课的态度不是负面的，微课的应用可能性较高。

在课程内容方面，所有教师对课程内容的设定都持肯定态度，认为教学内容的设置非常实用，难度适宜，微课制作方式较为贴近参训教师的实际情况，有学习下去的兴趣，对今后教学会有一定帮助。但同时，多数教师认为微课的教学适应性还需与具体学科结合看待。有些教师提出，微课教学加重了教师和学生的负担，这也是多数教师对微课持有保留态度的原因之一。

曹老师认为，微课辅助教学对课堂教学有积极影响是毋庸置疑的，但如何使之适应乡村小学，尤其在面临网络和资源匮乏、教师变革意识薄弱、学生惯性学习方式等问题，还有待进一步探索。虽然仍存在着许多的问题，但所有参训教师均认同微课对教师教学及自身专业发展有利，表示很愿意在所任教的科目中尝试微课教学。

2. 知识技能变化

教师通过对课程的学习，对微课的内涵、特点及如何使用有了一定了解，经过思考之后，对微课在课堂教学中的使用方式有了自己的理解。每位教师都在自身原有水平的基础上有了一定的提高，信息技术水平较低的教师，学会了简单的微课制作方式，并开始尝试简单微课的制作。信息技术水平较高的多为年轻教师，专业发展动力较强，对微课有了一定的了解，课件与微课的制作上手能力较强，已可以做出比较完整的微课，在课程学习过程中重点学习的是制作技巧方面。总体来说，参训教师基本认为课程学习过后，理论知识、思想认识及操作技能均有较大程度的提高。

3. 行为变化

有效的培训关注点不在于教师是否进行了学习，而是教师是否能将学到的知识技能转化为行为，应用到教学当中。在问卷和访谈中，大部分参训教师皆表示愿意尝试将微课运用到自己所教学科的教学当中。曹老师在平台上进行课程学习之后，使用微课在自己所教班级开展了一场教学实践，取得了一定的效果。

4. 参训成果

教师培训的主要目的是提高课堂教学效率，促进学生的学习。以曹老师的微课教学实践为例进行成果层面的评价。

从教师自身来讲，曹老师在课程学习后，配合教学内容尝试以 PPT 课件制作微课，并投入到课堂教学中。教学设计与以往相比有很大不同，从讲授式教学发展为学生自主学习教师从旁点拨的教学方式。

从学生反馈来讲，通过对课堂的观察及对学生进行访谈提问，学生对于微课教学兴趣比较浓厚，学习的主动性有所提高，学习氛围较为轻松。由于乡村的条件限制及教学方式较落后，学生很少在课堂上接触微课，因此学生对教师提供的微课视频和自主学习的教学方式比较感兴趣，学习的积极性比较高。但同时，学生习惯于教师讲授学生被动接受的课堂模式，在交流发言环节需要教师不断鼓励才能将教学推进，有部分学生在讨论交流时并不十分活跃，参与性不高，甚至不发言。

通过上述实践，可以发现微课对于乡村教师来说，还是一个略微有些陌生的理念。经过对课程培训效果的评价，不难发现本次培训的影响比较积极，教师总体上对微课教学持肯定态度。在课程培训后，教师的理念有一定转变，根据自身原有的信息技术水平，都完成了力所能及的实践任务，对微课也有了进一步的了解。但在内容的设置上表示还存在不足，层次性不够。学习方式有些单一，由于受训教师工作繁忙，仅靠视频学习，不足以长时间吸引教师的注意力。

此外，教师对新的教育理念和教学方式有一定的学习热情，学习能力也较强，但由于激励机制、评价机制等存在缺陷，教师的后期学习劲头呈现不足，对微课的应用观点还比较保守。这些因素都在不同程度上影响教师培训学习的质量，后续工作中有待进一步完善。

四、技术支持下乡村教师专业发展实践效果分析

保证培训的质量，使培训有效地促进学习者的发展是培训者和学员共同的诉求。为了达到这一目的，需要培训制定者在实践的基础上掌握影响培训效果的因素有哪些，控制好影响因素，清除阻碍因子，真正做好高效的培训。

（一）培训效果影响因素

1.受训者个体因素

（1）培训动机

教师培训是我国促进教师专业发展采取的主要方式，国家颁布政策法规，要求每一位教师都要参与。因此，教师培训是教师专业发展的一项重要途径。教师在其职业生涯中会参与各式各样的培训，但参与培训并不能代表教师真正参与到了学习当中。培训动机是教师参训的驱动力，影响教师学习的积极性，进而影响到学习的效果。良好的动机会促进教师的学习效率，而负面的学习动机则会使教师对培训产生应付的心态。对教师而言，培训的动机有很多，常见的有：学校强制要求、评职称需要、专业发展需要、兴趣爱好、解决教学中的问题等。如果培训可以满足参训教师的动机，那么受训者的学习效率也就会提升。

成人学习理论的研究也指出，成人具有一种实用主义的学习倾向，即对直接与工作或生活相关的主题感兴趣，当学习的主题与内容可应用于其工作或其他有价值的实践活动时，他们才有学习的动力。但实际上，大多数的教师培训并不能满足教师兴趣，对提高教学的效果也很低，对解决教师教学中遇到的问题也难以提出操作性建议，参训的真实动机大多是与职称评定和职务晋升有关。由上文中的调研可知，半数以上的乡村教师有较为强烈的专业发展需求，但许多培训并不能真正满足教师的需求，无法激发参训教师的培训动机，这就导致了培训效果难以达到预期标准的情况。

（2）专业知识准备

受训教师的专业知识准备是指教师在参训前知识、技能及情感价值观的原有水平。受个人能力、工作年限、学历水平等因素影响，教师的专业水平具有很大的差异。为了使教师培训能达到预期的效果，除了要求参训教师的学习动机比较强烈之外，也要对受训教师的原有水平进行调研。准备不充分或准备过度都将削弱培训的效果。教师专业水平的差异不仅影响教师个人的培训效果，也将给教师培训的制定造成一定困难。想要达成良好有效的培训效果，就必须照顾受训教师的个体差异，而这对培训设计来讲比较困难。

为了使受训教师与培训内容完美契合，常见的解决方式有以下两种：

①一些教师培训制定者会在培训开展前告知参训教师培训的主题，应做好哪些准备，如在课程学习开始前给予参训教师引导材料，教师制定个人发展规划等。有了训前准备，教师可以更好地理解掌握培训有关知识与技能。

②在课程设计准备时期对受训教师进行调研，掌握受训教师的原有水平，针对受训教师的水平差异制定培训的内容，培训的内容要有梯度，可以适应不同层面的教师，然后教师自主选择培训内容。培训者实时监控受训教师的学习，不断修正教学内容，令受训教师参与到培训的全过程，制定符合教师需求的培训，因而提高培训的效率。

（3）学习风格

学习风格指受训教师对不同培训学习条件的偏好或需求。教师的学习风格与教师的教学经验和文化背景等有很大关系，而不同年龄、不同学科、不同地区的教师文化背景及偏好差异巨大，对学习条件的偏好也各不相同。对所有教师采取同一种培训方式是错误的行为，培训方式如果不能适应教师的偏好，将会对培训效果产生一定负面影响。唯有充分地了解了参训教师的学习偏好和文化背景，对不同学习类型的教师提供个性化培训方式，尽最大努力满足不同风格的教师需求，培训的效果才能够保证，才能开展有效的教师培训。

2. 外在环境因素

（1）培训的学习、生活环境

国内外已有各式各样的智慧教室在建设或已经建成，智慧教室的物理环境可以根据学习者的需求进行智能调节，桌椅板凳也可根据学习者的偏好随意拼接摆放，智慧教室也是课堂学习环境的一个发展趋势。

在良好、舒适的学习环境中，学习和创造更容易产生，学习者的心情愉悦，可以享受培训的过程，培训的效果也会在一定程度上提高。而乡村教师正是处于环境较为艰苦的地区，在环境上难以对培训提供支持。

（2）培训内容的设置

培训内容是培训开展的基础，微课作为一个比较新的教育理念，与课堂教学的结合本身就具有很大潜力，值得研究者探索。而乡村教师的信息技术水平较低，本身就十分渴望发展，渴望学习，培训内容不仅本身要有意义，同时，也要符合培训对象的需求。

但内容不仅包括培训的知识，还包括内容的组织方式、呈现方式等。内容的选择是否符合教师的实际需要，内容的组织形式是否匹配教师的认知结构，内容的呈现方式是否满足教师的个性化、多样化需求，这些问题不但对培训的吸引性、操作性、黏合性都有着关键作用，而且对调动教师学习的积极性和主动性、对改变被动培训的状况有很大的影响。

（3）是否确保有效的监控

网络培训固然极大地推动了教师继续学习的发展，但与集中面对面培训相比，远距离和间接性也使得学习监控变得尤为困难。即使视频全部"看"完，练习全部"做"完，但是我们依然无法确保教师进行了"真实的学习"。

首先，学习的真实性无法确定。学习平台只能记录参训教师是否播放了视频、播放了多长的视频，不能记录下学习者是否是认真在观看学习视频，部分教师自觉性差，在线空挂学时，即使视频中需要点击屏幕或者回答问题，他们也只是完成这一动作而已。其次，作业的独立性无法确定。互联网主要的功能之一就是资源共享，网络强大的共享功能，重复使用的资源只需一键便可轻易搜索获得，这为"复制粘贴"提供了极大的便利。另外，发"灌水"帖、使用网络写手等现象也时有发生，这些均是目前培训存在的弊端，教师的学习过程无法实时准确监督，使得培训效果大打折扣。

（4）保障机制

乡村教师的专业发展培训，离不开激励、引导、评价等精神与物质层面的制度保障。参与调研的教师中，1/3 的教师指出缺少效果保障是培训存在的重要问题。教师培训学习的参与性不高缺乏相应的激励机制；学习有盲目性和随意性，缺乏适当的引导和监督机制；在线考核的漏洞缺乏完善的评价机制；培训迁移和转化效果不佳缺乏基本的环境机制。而这一系列的保障机制需要培训专家对课程内容、教学策略进行适时调整，需要培训设计者与参训教师之间的及时沟通与协调，需要组织者的合理实施与把控，同时更需要领导部门在政策上、环境上及资源上给予高度支持。

（二）培训启示与建议

结合本次培训实施效果及其影响因素的分析，本研究获得了以下启示与建议。

1. 培训内容要切合教师的真实需求

只有满足教师需求的培训才是对教师有用的培训。因此，教师培训应基于对教师需求的充分调查。但是，我国教师培训的现状是培训主要是自上而下进行的。这种培训既不能满足教师的需要，也不能按不同层次对教师培训进行分类，培训效果会大打折扣。因此，在进行培训之前，培训师应采取多种方式，对受训教师进行深入的了解和研究。为了分析培训者的需求和特点，应根据前人研究制定培训内容设计和培训方法。只有这样，才能保证培训的有效性和合理性。

2. 实施培训对象全程参与的培训方式

在传统的培训方式中，教师只是作为参与者被动地接受培训，培训结束后进行评估，即使培训已经完全完成。被动加强教师培训，使教师难以对培训产生兴趣并积极参与。有的教师甚至认为培训是一种负担，培训的效果自然大打折扣。要解决这个问题，只有让教师参与整个培训过程，教师就会有参与感或主人翁意识，不再是教师培训的接受者，也不再是局外人。在制定培训目标和内容时，培训教师参与，培训内容将被参与教师接受。在培训过程中，教师可以全身心地投入到课程中，培训的效果自然会提高。

3. 合理利用信息技术提供培训支持

信息技术的快速发展为教师提供了各种支持工具和资源。教师可以利用各种优质的在线资源，以及其他优秀教师留下的宝贵经验，与知名教师和专家讨论学习问题，让交流不再受到时间和空间限制。信息技术改变了教师的角色，不仅是资源使用者，也改变了生产者和资源分配者的角色。通过各种教学平台和课程资源共享网站，教师还可以与他人分享学习心得。

4. 建立反馈培训综合评价体系

传统的学习科目时间、作业时间、口语时间等统计方法已难以适应社会发展。社会对教师提出了更高的要求，教师评价不能局限于传统的方法。教育信息化背景下的教师评价方法应具有促进教师专业发展、培养教师终身学习观念、促进教师个性化学习的作用。评价应该着眼于教师的成长，而不是教师的评价结果。因此，需要建立多层次、多方位的长期评价反馈机制，客观、真实、不断地对教师进行评价。

第六章　智能时代乡村教师专业发展展望

第一节　人工智能助推乡村教师专业发展

教师是教育发展的关键因素，在"互联网＋教育"的大背景下，应该充分利用人工智能助推教师专业发展，促进教师观念转变、能力提高、素养提升，逐步实现传统教育向智能教育的跨越。

一、人工智能概述

（一）定义

人工智能，是让计算机模仿人类使用智能的技术总称。在人类的智能中，从基础层面来看包括获得、探索及学习知识。此外，从应用的层面来看包括自然语言的理解、图像识别、翻译等。人工智能的研究，就是寻找计算机能够更有效率、更有效果地解决上述问题的方法。例如，在知识的获得方面，如何让句子里的词语与词语之间的关联性更加体系性地组织起来是目前盛行的研究方向。探索，是在拼图或迷宫一样可能存在无数种可能性的问题上，寻找最佳或者接近于最佳的方案。学习，用考试学习的例子来说就很容易理解了，形象一点来说，就是要思考怎么样去学习才能在未知的问题上获得更好的分数。可能一说到人工智能，读者脑海里浮现的就是制作像漫画或是动漫里面的"哆啦 A 梦"这样具有人类智能的机器人，但实际上，几乎没有人正在研究这一方面的东西。

自 2015 年以来，以深度学习为核心的人工智能技术呈现出爆发式的发展趋势。人们常把深度学习和机器学习的概念等同于人工智能，实际上三者之间存在着区别和联系。人工智能（Artificial Intelligence，AI）是一门研究、开发人类智能的理论、方法、技术及应用，并在此基础上模拟、延伸和扩展人类智能的科学技术。该研究领域主要包括机器人、图像分类与识别、语言识别、自然语言处理和专家系统等。人工智能技术自诞生以来，其理论基础和技术日渐成熟，应用领域也在不断扩大，未来人工智能带来的科技产品将会进一步改善人类生活。作为模拟人的意识、思维的一门学科，AI虽然不是人的智能，但它能像人那样思考，将来甚至可能超过人类的智能。

机器学习（Machine Learning，ML）技术是一门由多领域交叉学科共同组成的技术，其核心是研究计算机模拟或实现人类获取新知识的学习行为。机器学习利用算法对数据进行解析并学习，再利用学习到的知识对现实事件做出预测和决策。机器学习利用大量的数据对模型进行"训练"，从数据中学习如何完成不同的任务，这是与传统的解决特定任务的软件程序的最大区别。深度学习（Deep Learning，DL）技术是与浅层学习相对的一种机器学习模式，起源于对人工神经网络的研究。深度学习技术可通过构建一种深层非线性网络结构，实现复杂函数的逼近，从而在小样本的情况下学习数据集的本质特征。目前，该领域取得了突飞猛进的进展，一些性能优异的深度神经网络结构相继被提出（如 DeepLab、残差网络等），促进了无人驾驶、语音识别、医学图像处理、自然语言处理等领域的发展，是人工智能中最有效的手段和方法。

（二）人工智能的发展历程

1950 年，被称为"计算机之父"的阿兰·图灵提出了图灵测试。按照图灵的设想：如果一台机器能够与人类开展对话而不被辨别出机器身份，那么这台机器就具有智能。1956 年夏，在美国达特茅斯大学召开的会议上，以约翰·麦卡锡和马文·明斯基为代表的一批学者提议将"人工智能"确立为一门独立的学科，正是在这次会议中，Artificial Intelligence 这一术语被正式确立。

20 世纪 70 年代中期到 80 年代末，大量专家系统相继问世，它们对很多领域产生了巨大影响，但人们逐渐意识到，人工智能的实现不能仅靠逻辑推理能力。1980 年，卡内基梅隆大学为数字设备公司设计了一套名为 XCON 的专家系统。1982 年，在加州理工学院担任生物物理学教授的霍普菲尔德提出了一种新的神经网络——霍普菲尔德神经网络。霍普菲尔德神经网络是一种将存储系统和二元系统进行结合的递归神经网络。在该网络中，首次引入了能量函数，以此来判别网络的平衡稳定状态，使得网络可以逐步收敛。1984 年，霍普菲尔德用集成电路实现了该模型。此后，学者们积极投身于神经网络研究的热情又被大大激发，由此迎来了神经网络研究的浪潮。1986

年，由鲁姆哈特和麦克莱兰等几名学者提出的反向神经网络成为神经网络发展史上的里程碑。随后，鲁姆哈特等学者完整地提出了反向传播算法（Back-Propagation Algorithm，BP 算法），系统地解决了多层网络中隐单元连接权的学习问题，并在数学上给出了完整的推导过程。2006 年，加拿大多伦多大学教授杰弗里·辛顿提出了一种改进的模型训练方法，以此打破了 BP 神经网络发展的瓶颈。杰弗里·辛顿在 *Science* 上发表的论文中提出了两个观点：①多层人工神经网络模型有很强的特征学习能力，学习到的特征信息更具代表性，因此对分类和可视化问题更加方便；②可以采用逐层训练方法解决深度神经网络中很难达到训练最优的问题，即将上一层训练好的结果作为下一层的初始化参数。在此论文中，采用无监督学习方式对深度学习模型进行逐层初始化。

深度学习是一种具有多层体系结构的机器学习技术，其在信息处理阶段利用非监督特征学习方法实现模型分类。深度学习的本质是提出数据的分层特征表示，进一步将低级特征抽象成高级特征。2014 年，Facebook 的 DeepFace 利用 9 层神经网络来获得脸部表征，其参数量高达 1.2 亿，使得人脸识别技术的准确率达到 97.25%，略低于人类识别的 97.5%，几乎可媲美人类。2016 年，谷歌（Google）旗下 Deep Mind 公司的戴维·西尔弗、艾佳·黄和戴密斯·哈萨比斯团队开发的 AlphaGo 以 4∶1 的总比分战胜了围棋世界冠军、职业九段棋手李世石，AlphaGo 主要就是利用了深度学习技术。

二、人工智能呼唤乡村教师专业发展转型

中国社会发展进入新时代，实现乡村振兴成为新的时代主题，乡村教师需要更好地在阻断贫困之间代际传递上发挥更大作用。时代发展吹响了乡村教师专业发展变革的号角，需要寻求新的突破。在此，人工智能为乡村教师的专业成长带来了新的发展机遇。

人工智能带来了信息技术的进步和人们生活的便利，也为乡村教师专业发展带来了新的机遇和未来发展前景。

（一）人工智能环境促进乡村教师角色发生变化

在人工智能时代，人们更期望 Web 学习系统具有教学专家的导学功能，能够因材施教、因需施教，量身定制学习教材，以及能给出个性化的学习方

案、学习内容和学习方法等。回溯历史，从 1950 年阿兰·图灵提出"机器真的能思考吗？"的设想开始，到 1956 年约翰·麦卡锡等人正式提出"人工智能"的概念，至今，人工智能对教与学提出了新挑战。

从传统学习来说，学生所遇到的困惑，教师可以用他们的人生见识、知识积累、生命体验来解答。然而，在人工智能时代，信息技术快速发展，为学生的学习提供非常便利的条件，课程知识的传授和指导则更多地交由在线教育平台来完成，教师的角色因此也发生了变化。根据尤瓦尔·赫拉利的分析，他们开发互动算法，实现数字教师不仅能传递多种学科知识，还能在学习过程中分析学习者，判断学习者的特征，及时了解学习者对什么感兴趣和对什么不感兴趣，提供给学习者最适合的教学方式，而且他们优于实体状态的教师，永远不会失去耐心、大吼大叫，更不会罢工。显然，在现实教学中，要让实体教师兼顾完成对学生的过程性评价工作，难度很大或者不可能实现，对于乡村教师，因为教育信息技术水平的限制，更是难上加难。因此，为了适应人工智能带来的挑战，乡村教师必须不断顺应技术进步。

（二）深度学习引领乡村教师专业发展模式变革

凭借人工智能现代信息技术手段，人们越来越关注深度学习。2013 年，人工智能程序围棋 AlphaGo 战胜李世石，人工智能开启深度学习时代，设计程序重视专家系统，实现计算机像人类教师或助教那样指导和帮助学生学习。因学习是一种社会化的过程，通过人与人、人与环境之间的交流互动实现，在未来社会中，世界、人类个体、一切事物都通过网络中的内行动（互动、操演）使自身获得存在，通过这种内行动互相建构不断形成。

在遥远的乡村，对于稀疏分布的乡村学校和教学点，怎样把这些分散的教师资源集中起来，怎样满足他们的社会交往和学习交流的需求，怎样对他们进行系统的培训等，我们完全可以借助人工智能，将课程计划、课程设计、课程实施、学习跟踪与指导、学习评价等交给在线教育平台。利用人工智能，设置虚拟的学习环境，促成乡村教师成为终身学习者，成为网络中的实践终身教与学的行动者。教师专业转变成时刻在场的教与学实践的"行动者—网络"，在这个网络中，所有实体状态和虚拟状态的教师都是教与学实践的行动者，而不是被动的对象或工具，他们彼此联结、交互学习，通过"物质—话语"层面的相互建构，自身开展深度学习，自我建构成为新的内涵丰富、认知清晰的个体。乡村教师也是网络中的个体，为了获得自身存在，成为一名合格的教师，就必须充分地将教学和教研充分结合，持续开展深度学习，成为真正的终身学习者，促进专业不断成长。乡村教师需要长期服务于教育教学，终身进行教育，从实体性的"学校"或"学习中心"，转变成网络状结构的"行动者—网络"。人工智能如果能细致地、个性化地为乡村教师规划好学习节奏和方式及按需提供适合的优质课程资源，乡村教师就没有必要花费更多的时间和较远的行程实地参加集体培训，利用在线教育平台，完全可以解决他们目前遇到的各种不便和难题。

（三）虚拟现实技术为乡村教师专业发展创设可行性媒介

人工智能支持的虚拟现实技术为乡村教师的专业成长带来新的挑战，也带来了良好的发展契机。虚拟现实技术利用三维图形生成技术、多传感交互技术、多媒体技术、人机接口技术和高分辨显示技术等，创设三维逼真的虚拟环境，实现人与虚拟环境直接进行交互和沟通。虚拟现实技术创造的虚拟学习环境使教师教育更加开放，尤其是为乡村教师的专业发展创造虚拟的可视化平台，将现实教师教育环境中的真实场景用三维形式化的方式表现出来，呈现鲜明的跨时空性、便捷性、沉浸性、丰富性等特点。乡村教师可以在任意时间与空间进入教室，有效地共享教师教育资源，开展自主探索学习或小组合作学习，通过无处不在的服务终端连接智能化的知识网络和人际网络，实现人人、时时、处处可学的终身学习。

虚拟学习环境在教师教育内容呈现、教师学习过程、学习支持与交互等方面，对乡村教师的专业成长都能够起到积极的推动作用，极大地增强乡村教师的学习兴趣。虚拟学习环境为乡村教师专业发展提供多元服务，乡村教师可以通过聊天室、课程论坛、E-mail、视频会议等方式，与不同的个体或群体进行交互式学习，体验在线模拟"真实"的学习场景。在学习过程中，大数据系统还能够对乡村教师个体的学习给予即时性评价，学习结束时提供一份数据详尽的专业发展分析报告。虚拟现实技术支撑的在线学习给乡村教师提供了一种全新的学习方式及宽松、自由和开放的学习环境，他们可以根据自己的需要选择学习时间、学习地点、学习内容、学习方式，摆脱网络在线学习孤独感强、缺乏互动的弊端，弥补现有乡村教师在社会交往过程中存在的一些问题和困惑。

三、人工智能支持的乡村教师专业发展实施路径

在未来，我们可以创设便利条件，设计虚拟在线场域，建设完善的乡村教师专业发展支持体系。

（一）创设区域性虚拟教室，构建乡村教师专业发展虚拟在线场域

虚拟教室（Virtual Classroom）是指在计算机网络的基础上利用多媒体技术构建成的教与学的环境，可使身处异地的乡村教师相互看得见、听得着，它通过音视频采集技术、现代通信技术等为乡村教师创设了一个交互功能强大的学习环境。虚拟教室可以模拟传统的教师继续教育功能，为身处各地的乡村教师提供一个共享的虚拟学习环境，帮助乡村教师打破距离遥远和条件较差的藩篱，充分体现参与学习活动的自主性、开放性和生成性，实现优质教师教育资源的充分共享。

每位乡村教师都有不同的专业兴趣、学习习惯等，虚拟教室能够充分迎合这种需求，设计多样化的在线讨论和自主化的个体学习，乡村教师根据自己的学习需求选择适合的学习内容、学习进度和学习方法。在虚拟教室的个性化学习中，乡村教师是主体，他们真正成为自己学习的主人，可自主建构新的专业知识和技能。虚拟教室创设的虚拟学习环境提供的技术条件、交互方式等，将区域乡村教师联系在一起，实现远距离区域教师之间建立顺畅的交互联系，实现全员参与和全程实时互动。教师一旦进入科学创设的虚拟学习环境，便能够根据自我所需灵活调用各种学习资源，积极地探索所需的知识和技能资源。虚拟教室不但可以提供学习支持，还可以高效地通过即时问卷调查统计结果，及时了解教师的学习状况和学习进展，动态记录教师的学习轨迹，如学习时长、地点、内容、在线研讨参与情况等，给予及时、客观、科学的评价，为乡村教师的专业成长提供数据支持的精准指导。

（二）配备虚拟教师，增强乡村教师在虚拟学习中的交互情感体验

在虚拟教室里，谁来引导乡村教师的虚拟学习呢？理应通过人工智能设置具有导学功能的虚拟教师。根据虚拟教师的功能，如能够模拟真实教师的形象、表情和动作，可以与学习者进行语言、行为、情感方面的交互，能提

问、参与讨论、反馈和答疑，对学习者的情绪状态做出适当反应，并表现出相应的情感等，可以设计具有不同导学功能的虚拟教师，包括专注于内容设计和课程建设的专家，负责虚拟班级管理的班主任，负责指导学习进度、提供学习资源的指导教师，还有评价学习效果的数据分析师，及时为乡村教师提供各种学习帮助、指导和支持。

对于乡村教师的学习，协助比指导更重要，虚拟教师具有讲授、指导和答疑等功能，帮助教师获取信息，通过文本、声音等对教师提出的问题给予实时解答。虚拟教师成为乡村教师学习的指导者和协作者、学习内容的规划者、学习情况的反馈者、学习过程的实时监控者、学习参与的情感交流者，他们可以暂停视频讲座解决教师的提问，也可以回放视频片段帮助乡村教师理解特定的内容，理性处理学习过程中的情感反馈，与乡村教师之间建立交互关系，让乡村教师重新认识自己的社会存在感。社会存在感是在沟通中人的一种感性认识，是计算机辅助通信环境（Computer-mediated Communication，CMC）中交互双方对另一智能体的感觉、感知和反应的程度。乡村教师工作中存在的一个重要问题是人际沟通问题，因地域与条件限制，缺乏交流对象，影响其正常交往。虚拟教师可赋予人的情感，关注乡村教师的情感体验，与乡村教师开展深层交流与互动，能够在情感上对教师在学习过程中的行为表现给予可供教师理解的行为反馈。虚拟教师与乡村教师之间可以通过语言、行为等进行交流，以智能性为基础，在充分发挥对乡村教师学习的指导者和协作者功能的同时，与乡村教师进行情感交互，力求增加乡村教师学习的效率，降低乡村教师学习的孤独感，有效补充乡村教师社会交往方面的困惑。

（三）建设虚拟资源库，为乡村教师泛在学习提供优质资源保证

乡村教师在线学习资源建设尤为重要，有了优质的学习资源保证，乡村教师专业发展的许多问题便能迎刃而解。因此，建立远程虚拟学习资源库，为乡村教师专业成长提供精品在线课程，成为新时代乡村教育所需。

在减轻中小学教师负担的基础上规划乡村教师专业发展路径，就需要丰富数字化电子资源，建成一个高智能、集成化、数字化、集多种文献载体于一身的信息资源虚拟电子图书馆保障系统，将丰富的馆藏教育教学资源、精品教育教学课件、中小学课堂教学精品电子资源、本土课程教学资源，以数字化的电子信息形式储存在虚拟图书馆中，为乡村教师提供内容丰富、形式

多元、方便快捷的支持服务。

教育部可统合整理全国实力较强的教师教育学院、教师教育专家及各地市一线优秀教师，组成乡村教师专业发展资源开发专家团队，集优势力量研发优质教师教育课程资源。市县教研员要充分调动乡村教师资源，加强学习型组织的管理，帮助乡村教师养成系统收集知识的习惯，自主探究、生成优质的学习内容，并将知识以更实际的方式展示出来，转变成为本区域教师在虚拟学习环境中的本土精品学习资源，植入虚拟电子资源库中。同时，专门设置入口，将虚拟电子图书馆系统与中国知网系统端口对接，向乡村教师提供中国知网的中小学教育教学研究类的优质电子资源，所有资源向乡村教师免费开放。乡村教师在虚拟图书馆系统中，根据学习需求，由虚拟教师指导或帮助查找所需的优质资源，根据自我认知重新建构知识技能体系，有效提升乡村教师的专业水平。

四、人工智能支持的乡村教师专业发展未来布局

在未来，我们可以充分利用人工智能科学布局，为乡村教师专业成长创设未来云学习空间和云教研空间，使学习教研一体化，共同筑成乡村教师专业发展的云空间，实现乡村教师专业发展的实质性突破。

（一）创设云学习空间，为乡村教师专业发展提供多元化智能化服务

在未来，乡村教师更期待的终身教育方式是在时间上延伸、空间上拓展、制度上开放、方法上灵活，能在每个人需要的任何地方、任何时间，以适合的方式提供必要的知识和技能。

2019年，中共中央办公厅　国务院办公厅印发《关于减轻中小学教师负担进一步营造教育教学良好环境的若干意见》，强调要提升数据采集信息化水平，加强信息管理系统建设，建立健全各类教育信息数据库，充分利用现代信息技术特别是人工智能技术，提升教育管理工作的科学化、信息化水平，切实做到"让教师少跑腿、让信息多跑路"。

为了让乡村教师"少跑路"，我们可以创设在线学习云空间，建立完善的支持体系，为其提供智能化服务。首先，国家要给乡村学校及教师配备先进的信息技术设备，由教育部和中央电教馆牵头搭建从中央、省（市）、地

（市）到县（市）的层级乡村教师专业发展未来空间站，以县（市）级教师专业发展未来空间站为单位，在空间站里以乡（镇）为单位，组织建立一个个基础的虚拟班级，通过虚拟现实技术将乡村教师专项管理系统搭建起来。其次，要有教师学习制度做支持，督促教师尽职尽责，从制度层面约束保障乡村教师行动。给予制度保证，也是对乡村教师专业发展负责的表现。最后，还要为乡村教师专业发展设置一体化智能化管理系统，对乡村教师学习档案进行管理，对学习过程进行监管，实现教师学习管理智能化。为每位乡村教师建立一份动态的学习档案，包括教师注册登录平台、信息数据库、课程清单、参与时长、学习反馈等，通过大数据推理和加工，综合每一位乡村教师的基础水平，提出个性化的学习方案。

人工智能为乡村教师创造了公平接受高水平教师教育的条件，乡村教师可以根据所需自我选择优质的教师教育资源。未来教育教师与人工智能协作共存，乡村教师云学习空间实现了个性化的教育、包容的教育、公平的教育与终身的教育。未来乡村教师可以充分享用技术带来的多元服务供给，打破专业成长中距离、时间和条件的束缚，解决专业成长的困境。

（二）构建云教研空间，形成乡村教师教研生态圈

《教育部关于加强和改进新时代基础教育教研工作的意见》中强调：注重创新教研方式，鼓励因地制宜采取区域教研、网络教研、综合教研、主题教研及教学展示、项目研究等多种方式开展教研，积极探索信息技术背景下的教研模式改革。建立教研员乡村学校、薄弱学校联系点制度。

教研是促进乡村教师专业发展的有力抓手，我们可以利用虚拟现实技术构建乡村教师教研生态圈，以市（县）级教研员为召集人、组织者，利用虚拟现实技术，发挥教研员对乡村教师教研的引领作用。充分利用现代化信息技术手段组织教师互助互学，以乡（镇）中心（小学）校、乡初级中学为单位，搭建区域教研系统，组建乡村教师区域性学习型组织。充分利用现代信息技术手段，积极实施并建立教研员乡村学校、形成薄弱学校联系点制度，鼓励教研员切身行动，走进乡村，走到乡村教师身边，到乡镇中心校讲授示范课、公开课，到乡村学校和教学点开展听课评课活动，给予乡村教师现场指导，帮助乡村教师解决参与教学研究的困惑。在参与教研的过程中，乡村教师可通过个人学习的电子设备终端，观看多媒体讲课并在多媒体笔记本上进行记录，或通过音频/视频等输出形式参与小组在线研讨，有效提高同行

之间的互动与交流。

　　要充分利用人工智能和大数据，关注不同区域乡村教师个体之间的基本需求、区域差异，给予乡村教师教研个性化指导与帮助，构筑完善的深度合作教研模式，促进教师多主体参与和个性化成长，将身处遥远、位于山区、参与教研困难的乡村教师资源整合在一起，以点带面，形成全体教师积极参与教研的局面，分别赋予虚拟教室中的乡村教师不同的角色任务和需要承担的教研任务，围绕他们的教育教学进行教材分析、教学过程分析、学情分析并开展研讨，实现知识共享，创造共同进步和成长的机会。

　　我国山区多，地理条件限制了乡村教学和师资的发展。在人工智能和虚拟现实技术的支持下，偏远欠发达地区的乡村教师将聚集在一起，形成一个大型的云组织——乡村教师专业成长云平台，可以打破时间、空间的限制，进行近距离、便捷、独立的交流和学习。在我国经济条件允许的情况下，可以加大对乡村学校建设和乡村教师专业发展的投入，为乡村教师打造一个开放的、共同的专业发展平台，通过教育大数据收集平台分析综合系统判断不同乡村教师的个性化需求，对不同地区乡村教师进行精准的个性化指导，普遍支持乡村教师，有效提升乡村教师的专业水平，缩小城乡教师差距，更好地服务新时代的乡村振兴。

第二节　虚拟仿真技术助推乡村教师专业发展

一、虚拟仿真技术概述

（一）虚拟仿真技术的概念

　　虚拟仿真技术又称虚拟现实技术或模拟技术，就是用一个虚拟的系统模仿另一个真实系统的技术。由于计算机技术的发展，仿真技术逐步自成体系，成为继数学推理、科学实验之后人类认识自然界客观规律的第三类基本方法，而且正在发展成为人类认识、改造和创造客观世界的一项通用性、战略性技术。同时，人们对仿真技术的期望也越来越高，过去，人们只用仿真技术来模拟某个物理现象、设备或简单系统；今天，人们要求能用仿真技术来描述复杂系统，甚至由众多不同系统组成的系统体系。这就要求仿真技术需要进一步发展，并吸纳、融合其他相关技术。

虚拟现实（Virtual Reality，VR）技术，是20世纪80年代新崛起的一种综合集成技术，涉及计算机图形学、人机交互技术、传感技术、人工智能等。它是由计算机硬件、软件及各种传感器构成的三维信息的人工环境——虚拟环境，可以逼真地模拟现实世界的事物和环境，人们投入到这种环境中，立即有"身临其境"的感觉，并可亲自操作，自然地与虚拟环境进行交互。

VR技术主要有三方面的含义：第一，借助于计算机生成的环境是虚幻的；第二，人对这种环境的感觉（视、听、触、嗅等）是逼真的；第三，人可以通过自然的方法（手动、眼动、口说、其他肢体动作等）与这个环境进行交互，虚拟环境还能够实时地做出相应的反应。

虚拟仿真技术是在多媒体技术、虚拟现实技术与网络通信技术等信息科技基础上，将仿真技术与虚拟现实技术相结合的产物，是一种更高级的仿真技术。

虚拟现实技术是仿真技术的一个重要方向，是仿真技术与计算机图形学、人机接口技术、多媒体技术、传感技术、网络技术等多种技术的集合，是一门富有挑战性的交叉技术前沿学科和研究领域。虚拟现实技术主要包括模拟环境、感知、自然技能和传感设备等方面。模拟环境是由计算机生成的、实时动态的三维立体逼真图像。感知是指理想的VR应该具有一切人所具有的感知。自然技能是指人的头部转动，眼睛、手势或其他人体行为动作。传感设备是指三维交互设备。

虚拟现实技术最早于20世纪中期由美国VPL探索公司提出，其发展经历了三个阶段：第一阶段为20世纪50—70年代，为虚拟现实的探索阶段；第二阶段20世纪80—90年代，虚拟现实技术由实验室进入使用阶段；第三阶段为20世纪90年代至今，虚拟现实技术由实验室的试验使用阶段逐步走向市场的实用阶段。我国VR技术研究起步较晚，其中北京航空航天大学着重研究虚拟环境中物体物理特性的表示与处理。浙江大学CAD&CG国家重点实验室开发出桌面型虚拟建筑环境实时漫游系统。

虚拟现实技术已经广泛地应用于军事、医学、心理学、教育、科研、商业、影视、娱乐、制造业、工程训练等。但通过大量的文献查询，国内外应用虚拟现实技术对双师型教师进行相关技能培养尚无先例。

虚拟现实技术本身是一种结合了计算机、多媒体、仿真图像等多种电子技术于一身形成的一种新兴的计算机技术。虚拟现实技术主要由虚物实化、实物虚化、计算机处理高性能技术这三个方面组成。其中，模型构建、声音定位及视觉、空间跟踪等可谓是虚拟现实最为关键的技术。而正是这些关键技术的运用，使得虚拟现实技术能够通过计算机仿真系统，建立起一个具有极强仿真效果的虚拟世界，实现用户对虚拟环境的检测与操作。所以说，虚拟现实技术是一个十分具有挑战性的交互技术。具体而言，模型构建技术是构建虚拟世界的技术基础，主要是利用计算机在虚拟世界之中打造一个现实世界的物体，并且保留了这个物体本身的物理属性；声音定位主要是利用不同声源所具备的传输特点，对虚拟环境中的声音加以定位跟踪；视觉跟踪主要借助视频摄像机达到 XY 平面阵列，根据周围的光或者是跟踪光在投影平面中产生的投影，对被跟踪对象的实际方向与位置实施计算，进而使用户在虚拟环境中获得真实的感官享受；空间跟踪主要是借助交互设备及空间传感器，对用户在虚拟世界中的方向与位置进行确定。

也正因如此，在某种程度上虚拟现实技术能够借助计算机形成十分逼真的虚拟世界，这个虚拟世界的真实感足以迷惑人们的感官。这种迷惑行为会使很多用户沉浸在虚拟环境中，这就是虚拟现实技术打造的沉浸感。而打造沉浸感的根本目的，就是为了让用户能够集中注意力，基于此种目标虚拟现实技术必须要具备三种技术要素。通过这几种技术要素的相互关联、相互作用，恰恰能够给予用户一种存在意识，认为自己就存在于这个虚拟环境之中，从而产生更为强烈的沉浸感。

为此，近些年来国内外专家均加强了对虚拟现实技术的关注，也进一步加快了虚拟现实技术的蓬勃发展，以至于如今的虚拟现实技术被广泛应用到各个科学院校领域之中。特别是在教育教学领域中凭借着其独有的特征，获得了较大的发展并取得了十分不错的成绩。

虚拟现实技术在教育教学领域中的应用，可谓充分发挥出了虚拟现实技术的巨大优势与作用，实现了教育领域的立体化、全方位发展，这对进一步推动教育行业的良好发展有着十分巨大的作用。为此，越来越多的教育工作者加强了对虚拟现实技术的研究，以期借助虚拟现实技术引入更加多样化的教学手段，改变原本枯燥乏味的传统教学方式，激发学生的学习兴趣，提高教学内容的互动性及教师的工作效率，尤其是现在 5G 的到来，为虚拟现实技术提供技术保障，使其可以更好地应用到教育领域当中。也正因如此，做好虚拟现实技术在教育教学领域中的应用具有十分重要的现实意义。鉴于此，以下笔者在梳理了相关参考文献的基础上，从多个角度入手就虚拟现实技术在教育教学领域中的应用展开综合阐述，以期为虚拟现实技术在教育教学领域的应用研究做出有益的参考与借鉴。

（二）虚拟仿真技术的特性

虚拟仿真技术具有以下四个基本特性。

1. 沉浸性

沉浸性（Immersion）：虚拟仿真系统中，使用者可获得视觉、听觉、嗅觉、触觉、运动感觉等多种感知，从而获得身临其境的感受。理想的虚拟仿真系统应该具有能够给人所有感知信息的功能。

2. 交互性

交互性（Interaction）：虚拟仿真系统中，不仅环境能够作用于人，人也可以对环境进行控制，而且人是以近乎自然的行为（自身的语言、肢体的动作等）进行控制的，虚拟环境还能够对人的操作予以实时的反应。例如，当飞行员按动导弹发射按钮时，会看见虚拟的导弹发射出去并跟踪虚拟的目标；当导弹碰到目标时会发生爆炸，能够看到爆炸的碎片和火光。

3. 虚幻性

虚幻性（Imagination）：即系统中的环境是虚幻的，是由人利用计算机等工具模拟出来的。既可以模拟客观世界中以前存在过的或是现在真实存在的环境，也可以模拟出客观世界中当前并不存在的但将来可能出现的环境，还可以模拟客观世界中并不会存在而仅仅属于人们幻想的环境。

4. 逼真性

逼真性（Reality）：虚拟仿真系统的逼真性表现在两个方面：一方面，虚拟环境给人的各种感觉与所模拟的客观世界非常相像，一切感觉都是那么逼真，如同在真实世界一样；另一方面，当人以自然的行为作用于虚拟环境时，环境做出的反应也符合客观世界的有关规律。如当给虚幻物体一个作用力，该物体的运动就会符合力学定律，会沿着力的方向产生相应的加速度，当它遇到障碍物时，会被阻挡。

二、虚拟仿真技术助推乡村教师专业发展

（一）虚拟教学概念

虚拟教学是基于现代人才培养观念，将传统教学与信息技术相互结合，而形成的一种新型教学模式，以促使人类进入到虚拟空间内执行教育活动。也正因如此，在虚拟环境中开展的所有教、学活动，都可以称之为是虚拟教学。

如若从狭义的角度对虚拟教学进行分析，则可以将虚拟教学定义为在教育领域中充分借助于虚拟现实技术，打造一个虚拟学习环境，并且在这个虚拟学习环境中再现客观现实，进而通过逼真的模拟操作使学生们利用感官感受来获得更多的知识信息，最大限度地激发与调动学生们的学习热情，开拓学生的新思维与创造力。同时，虚拟教学也有助于延伸教学空间，扩充教学资源。所以，教师利用虚拟现实技术进行教育教学活动具有十分重要的现实意义。而这种崭新的教育教学模式，正是教育领域的重要革命，是推动我国教育发展的巨大动力。

（二）虚拟现实技术在教育教学领域中的应用

1. 在虚拟实验室中虚拟现实技术的应用

利用虚拟现实技术能够打造出一个十分逼真的虚拟实验环境，进而使学生们在虚拟实验环境之中实现情景化目标。最早美国大学就是将 VR 虚拟现实技术应用到人体解剖学中以搭建虚拟实验室，并通过直播的方式让学生观看癌症手术的全部过程。自此之后，其他国家也相继开始应用虚拟现实技术搭建虚拟实验室。近些年来，我国一些大学也开始积极地利用虚拟现实技术，搭建与开发属于自己的虚拟实验系统，以此降低不同教育教学领域在实验过程中可能发生的危险系数与成本。例如，在飞机驾驶的虚拟教学中，可以通过虚拟现实技术进行模拟操作，以避免学生因不够熟练驾驶而发生的意外坠机事故。与此同时，依托虚拟现实技术还可以依据不同的教学活动搭建不同类型的虚拟训练场景，设置教学所需的训练模式，实现训练技能的重复操作，以便学生能够在虚拟环境之中通过反复训练熟练地掌握相关技能。这恰恰有利于降低教育教学经费的实际投入，更好地节约教学实验资源，实现资源的最大化利用。

2. 在虚拟教学中虚拟现实技术的应用

虚拟现实技术在虚拟教学中的应用，有利于教育教学模式的创新，有利于教育教学内容的扩充。这是因为虚拟现实技术的应用能够优化教学过程，使教学内容更加生动、形象地表现出来，以此提升教育教学工作效率。同时，借助于虚拟现实技术还能够真实再现情景化学习，并利用人机互动来提升学生们的学习兴趣，这为保障教育教学质量起到了至关重要的作用。例如，在数学、化学及物理等学科中借助虚拟现实技术，能够构建出课堂教学所需的实物模型，以帮助学生更好地了解与学习较为抽象化的概念。特别是在虚拟环境中，学生可以对构建的实物模型进行随意的拆解与移动，进而实现各个角度的细致化观察，加强自身对三维物体的印象，为后续知识点的学习打下良好的基础，通过虚拟操作完成实验内容与考试，尤其针对危险的实验，可以大大提升安全性；在很多学科的学习过程中往往会涉及很多的历史事件，而借助于虚拟现实技术恰恰能够让学生参与到这些历史事件中，如亲身经历并且感受到历史文明，势必会大大提高学生们的学习效果。

3. 在虚拟数字化校园中虚拟现实技术的应用

近些年来，网络教育早已受到社会各界的高度关注与青睐，也正因如此各大高校也积极响应时代的发展潮流，引入新技术构建校园网站，打造虚拟校园，以实现校园教学、教务、生活的三维立体化发展，让学生能够更加自由地学习与获取。尤其是以分布式虚拟校园系统构建的远程教育，以及分校区校园环境的相关设置，更是借助了虚拟现实技术才得以实现的远程虚拟教学，这种教学方式更有利于全民教育工作的开展，能够直接帮助更多的社会人员参与到高等素质教育的学习之中。特别是虚拟教学环境的搭建，能够为学习者营造出一个更加生动、更加逼真的学习环境，使学习者真正参与到虚拟环境中，以此弥补远程教育在交互环节上的不足，真心实现教育教学工作的全面化、有效化。

（三）虚拟现实技术在教育教学领域中的建议

对于虚拟现实技术而言，缺乏感性化的原始丰富性是其不可避免的一个重要局限问题。也正因如此，虚拟现实技术的应用就对硬件技术提出了相对较高的要求。然而，如今的市场最缺乏的就是成熟的 VR 产品。尤其是在教学课堂中不集成显示器——头戴式 VR 是最常见的存在，只需要在 VR 设备中放入配有 VR 软件的移动终端，使用者便可以参与到课堂教学中，且成本低廉。但是这种 VR 教学的最大缺陷就在于显示分辨率相对较低，会在一定程度上对使用者的沉浸式体验造成不好的影响，且缺乏使用者的感官反馈，长期使用下去还会给使用者带来身体上的不适，所以虚拟现实技术在教育教学领域的应用中，还需要不断地进步，提高硬件配置，降低成本，提供最佳的用户体验，才是其发展重点。

与 VR 虚拟游戏不同，VR 技术在教育教学领域中的应用对内容更加看重。可以说每一堂 VR 课程的制作都需要遵循规定的步骤逐一进行制作，至少需要包含课程、动画、美术、角色等设计工作及情节交互策划，资源整合等诸多工作，这些工作无论是工作量，还是对工作精细程度要求，都要远远的高于一般的课程制作。再加之，VR 制作成本往往相对较高，而如今的硬件与内容体验感受均不是很好，也就导致了 VR 客户群相对较为局限，在某种意义上 VR 教育内容根本无法为团队带来实际的营利。所以，基于此种情况很少有团队会专门研究并且开发虚拟教育，且当前的虚拟教育也并无法得到所有教育团体的认可，以至于 VR 教育系列产品相对较少。

1. 从国家政策的层面推动虚拟现实技术在教育教学中的应用

只有提高虚拟现实技术在教育教学领域中的整体效益，才能够使虚拟现实技术的教育需求导向得以突出，在教育教学领域得以普及化发展。尤其疫情期间的特点推动了线上教学，全球都在开展网络教学，VR 及线上信息化手段正在发挥越来越重要的作用。随着疫情常态化发展，不管是小学还是大学都可以采用线上和线下多种教学模式，而虚拟现实技术则是起到助推作用。所以，笔者认为应该由政府主导，构建产学研相结合的虚拟教学研究体系。也就说充分利用法律与政策手段，加大对虚拟现实技术的扶持力度，鼓励学校进行教学模式改革，鼓励高校多支持虚拟现实实训室的建设和申报专项课题的研究，以发挥应用的示范作用。

2. 从 VR 产业方面推动虚拟现实技术在教育教学中的应用

虚拟现实技术本身就代表着最先进的科学技术，可以说虚拟现实技术在教育教学领域中的应用，不单单改变了社会文化，更是教育界的一场巨大革命。所以，在 VR 产品的设计上，就必须要考虑到诸多的影响因素。尤其是前文中详细阐述了虚拟现实技术的特点，这也就决定了在构建 VR 教育软件上必须要基于开放性，以共联盟机制吸引更多的开放人员，从 VR 产业上提供源源不断的后续力量，促进 VR 教育的良好发展。

3. 从教师自身层面推动虚拟现实技术在教育教学中的应用

教师不仅是虚拟现实技术的直接使用者，更是最了解学生痛点的指导者。所以，要想更好地推广虚拟现实技术的应用，教师首先应该打破自身的陈旧观念，积极地响应并且学习虚拟现实技术，充分掌握该项技术在教育教学领域中的应用，进而最大限度地发挥出 VR 教育的优势。同时，教师应该从学生的实际需求出发，基于虚拟现实技术的辅助做好教学活动的设计，做好 VR 素材的把关与过滤，从而为学生的实际使用留下优秀的产品。

正是因为虚拟现实技术能够构建起一个十分逼真的虚拟现实环境，使学生们在这个虚拟环境之中顺利达成情景化目标，实现不同教育活动的虚拟技能训练。所以，虚拟现实技术在教育教学领域中的应用，已经成为推动教育领域发展与进步的重要工具。尤其是在信息化与智能化高速发展的今天，全面铺开 5G 建设，虚拟现实技术在教育教学领域中的应用早已是大势所趋，众望所归。所以，在今后的教育教学工作中，更要加强虚拟现实技术与传统教学模式的有机融合，使虚拟教学越来越大众化、普及化，全面加快我国教育现代化建设的进程。

第三节　大数据学习分析技术助推乡村教师专业发展

在信息化教育背景下，学生参与网络学习的人数不断增加，学生的学习行为数据也同时剧增，迫切需要一种新的技术来对这些海量的数据资源进行分析。因此，学习分析技术以大数据为基础慢慢浮现出来。学习分析技术主要是通过记录学生在学习过程中的各种学习行为，分析学生获得的显性知识和隐性知识，试图用量化的评价方式来很客观地评价学生的学习过程[①]。

---

① 魏顺平. 学习分析技术：挖掘大数据时代下教育数据的价值 [J]. 现代教育技术, 2013, 23（2）：5–11.

一、对大数据学习分析技术的理解和认识

为了解大数据学习分析技术近年来的发展趋势，本节通过计量可视化分析文献的总体趋势发现：2013 年，大数据学习分析技术被提出；2016 年，对该主题的关注日益高涨，但在近几年略有波动，猜测可能受到某种研究瓶颈影响，但整体看，关于大数据学习分析技术的研究呈现一个整体上升的趋势。

2013 年被称为大数据元年，此后的这几年中"大数据"越来越多地进入人们的视野。大数据虽然近几年在我国是热门话题，但是其概念可以追溯到 1890 年，美国的麦肯锡（美国的咨询公司）给出大数据的定义：大数据指的是大小超出常规的数据库工具获取、存储、管理及分析能力的数据集。亚马逊（全球最大的电子商务公司）的大数据科学家 John Rauser 也给出了一个简单的定义：大数据是超过了任何一台计算机处理能力的数据量。从这些给出的不同定义可以看出"大数据的重要功能在于分析出隐藏在大数据内部的、各类数据之间的可利用的价值，大数据分析技术就是从数量巨大、结构复杂、类型众多的数据中，快速获得有价值信息的能力"。

北京师范大学何克抗教授将学习分析技术表述为：学习分析技术是指利用各种数据收集和数据分析工具，从教育领域的海量数据中，通过收集、测量、分析和报告等方式，提取出隐含的、有潜在应用价值的、涉及"教与学"或"教学管理"的过程及行为的各种信息、知识与模式，从而为教师的"教"、学生的"学"及教学管理提供智能性的辅助决策的技术。学习分析的重要性可以从北京师范大学智慧学习研究院与美国新媒体联盟合作的《2016新媒体联盟中国基础教育技术展望：地平线项目区域报告》中看出：基于大数据的学习分析技术将在未来 2 ～ 3 年成为极具影响力的教育技术 [1]。

二、基于大数据的学习分析技术模型

本小节通过梳理近几年的期刊文献，了解到了很多有关大数据学习技术分析的模型，经过对比研究和理解，认为复旦大学高等教育研究所根据学习分析技术的决策流程构建的基本模型比较科学和直观，如图 6-1 所示。

---

[1] 李青，王涛. 学习分析技术研究与应用现状述评 [J]. 中国电化教育，2012（8）: 129–133.

```
┌────┐ ┌────┐ ┌────┐  ┌────┐ ┌────┐ ┌────┐  ┌────┐ ┌────┐ ┌────┐
│学生│ │课程│ │教师│  │课程│ │学生│ │学生│  │教师│ │教师│ │教师│
│信息│ │信息│ │信息│  │交互│ │表现│ │行为│  │经验│ │观察│ │直觉│
│    │ │    │ │    │  │信息│ │信息│ │信息│  │    │ │    │ │    │
└────┘ └────┘ └────┘  └────┘ └────┘ └────┘  └────┘ └────┘ └────┘
```

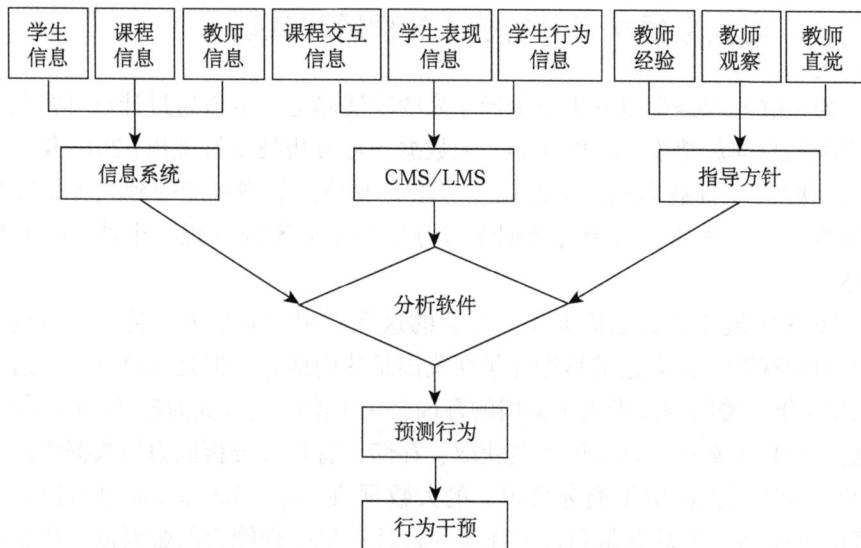

图 6-1　学习分析技术基本模型

（一）数据的采集

用于学习分析技术的大数据不同其他专业领域中的大数据，获取手段和分析方式也是不同的。例如，在信息系统中的学生信息、课程信息和教师信息都可以通过学校的教育系统中直接获取到，而这些信息也是学习分析的基础数据。把各类数据资源收集完成之后，还需进行数据的处理和分析结果的可视化。

（二）数据的清洗和处理

通过不同的渠道和方式采集到的各种数据中，有些不是分析者所需数据，有些是无效数据。因此，在存储完数据之后要进行对大量数据资源的清洗和处理。采集到的数据资源有结构化和非结构化的区别。在数据处理过程中，把非结构化的数据通过分析模型以可视化的方式展现出来，即是隐性知识显性化的过程。

（三）基于数据可视化的干预行为过程

基于大数据的学习分析的过程中，各种方式采集到的数据通过筛选、清洗及可视化的展示后，可以很直观地了解到教师的上课情况、学生的学习情况。这些学习分析结果可以用来评估学习者的表现，并且可以及时地提供反馈意见，同时还可以根据学生的学习效果，可以针对不同的用户来调整学习内容和方法，改变在教育教学、学习过程中出现的问题。

三、大数据学习分析技术助推乡村教师专业发展

（一）变革乡村教师角色以及提升乡村教师专业发展

在信息化教育中，教师的角色不仅是知识的传播者，还是知识的组织者、学习过程的分析者、资源获取的辅助者等。老师不仅要有传统的授课技巧、教学技能，还应该有利用网络获取资源的信息能力和利用可视化的分析结果指导教学实践。

在大数据时代下，学习分析技术有助于教师从传统的教学模式中慢慢解放出来，在信息化不断影响下，从而潜移默化地不断改变教师的教学观念和教育思想。

（二）使个性化的教学和学习成为可能

基于大数据的学习分析技术是针对教师的教学过程、学生的学习过程而不断发展的[1]，还可以为每个学生提供一个个性化的学习环境。利用学习分析技术一段时间之后，教师通过不同学习者的行为数据，找到对应的解决策略，从学习者的学习方式出发给出科学的指导和帮助。该方法可以很好地实现个性化的学习，使得学习者及时发现自己的问题所在，并及时地解决问题，从而提高学生的学习能力。

目前，我国从事大数据学习分析技术的人员还不是特别多，随着信息技术和科技的发展，在未来的 K12 这个阶段的教育中，使得教育管理人员、教师甚至家长能够清晰地理解大数据的本质，即可以利用学习分析技术工具收集学生的行为数据，从中分析存在的问题，改变传统的教育教学方式，以大数据为基础的学习分析技术在教育领域中的普及成为不可阻挡的趋势[2]。

---

① 赵以霞，王鑫，金昆，等.国内大数据环境下学习分析技术研究路径及趋势分析[J].现代教育技术，2019，29（8）：34-40.

② 王莎莎，王梅.学习分析技术研究现状综述[J].中国教育技术装备，2019（8）：7-11.

学习分析技术以搜集到的大量的数据资源为基础，把分析之后得到的可视化的结果及时地反馈给老师、学生及课程管理人员，教师及课程管理人员可以获得有关学生的学习绩效、学习风格，以及在学习过程中出现的问题。这样教师不仅能够针对具体问题采取恰当的教学策略，从而优化教育教学过程，而且学生也可以发现自己在学习过程中的问题所在，及时做到反省自我，达到调整学习状态的目的，从而有利于学生学习能力的提升。

学习分析技术是以收集的庞大的学习行为数据作为支撑，所以在收集该数据资源时应当提前告知所分析的学生，在得到学生同意之后进行收集分析，同时要符合我国关于隐私保护的相关法律，确保收集者的合法数据。

随着网络教育的不断普及，不同阶段的学生在学习过程中产生的数据量在持续增长，但是目前对于非结构性、非线性的数据资源缺乏相应的分析方法和分析工具。为了数据分析的可视化结构更具客观真实性及很好地保障其准确度，应该探究先进的分析方法，针对不同的学生个体采用多元化的分析手段[①]。此外，还必须更多地开发一些新的分析工具，可以使得分析结果更加科学精准。因此，提高数据分析技术非常具有挑战性。

第四节　智能化教学环境助推乡村教师专业发展

自从学校教育诞生以来，教学就离不开特定的场所与设施，教学环境作为教育研究领域的重要内容，越来越受到人们的关注与重视。尤其是随着教育改革的深化及人工智能技术、虚拟仿真技术、大数据分析等最新科学技术在教育领域的广泛应用发展，传统教育观念、教学环境、教学内容、教学方式、教学方法、教学模式乃至整个教育系统都发生了根本性的变革。教学环境方面，打破了时空地域的界限，更是发生了翻天覆地的变化，营造出前所未有的全新学习环境，"时时能学、处处可学、人人皆学"成为现实。习近平总书记在致 2019 年国际人工智能与教育大会的贺信中提出："积极推动人工

---

① 黄薇，马燕. 浅谈学习分析技术在教师教育型 MOOC 平台的应用 [J]. 现代职业教育，2019（10）：88-89.

智能和教育深度融合，促进教育变革创新。"从定时定点的教室上课到随时随地开展的学习，从黑板板书到电子白板，从教师的主观辅导到人工智能的识别辅助，从书本教材到电子设备辅助学习，智能化教学环境正在逐步取代传统的教学模式，并为世界教育事业和教师专业发展注入新鲜活力，智能化教学模式与环境的发展也逐渐成为研究人员关注的话题。

智能化教学环境是开展多媒体教学、网络化教学、个性化和精准化教学的基础条件，构建智能化教学环境也是实现教育信息化与现代化的基本要求。教育部在 2011 年颁布的《教育信息化十年发展规划（2011—2020 年）》中明确提出：要建设智能化教学环境，提供优质数字教育资源和软件工具，利用信息技术开展启发式、探究式、讨论式、参与式教学，鼓励发展性评价，探索建立以学习者为中心的教学新模式。2017 年，国务院印发《新一代人工智能发展规划》提出开发立体综合教学场、智能教育助理，建立智能的教育分析系统，建立以学习者为中心的教育环境。教育部《教育信息化 2.0 行动计划》明确要求开展以学习者为中心的智能化教学支持环境建设，推动人工智能在教学、管理等方面的全流程应用，探索泛在、灵活、智能的教育教学新环境建设与应用模式。通过运用智能技术为师生搭建新型的智能化教学环境，为教师提供更好的教学技巧、方法的参考，促进教师在教学理念、教学模式上进行改革创新，从而进一步为新时代的学生们提供更智能化、沉浸式的学习平台和教育体验，已成为历史发展的必然。

一、智能化教学环境的概述

（一）智能化教学环境的概念

随着智能技术的飞速发展与应用创新，云技术、移动网络、物联网、智能计算、数据挖掘等各种新的智能技术手段正在走向校园，推动着数字化教学向智能化教学飞跃。智能化教学环境是信息技术发展的必然结果，对教与学有着革命性的影响。

智能化教学环境主要是指在教与学的实践活动中，以云技术为基础，以物联网为支撑，结合人工智能与大数据技术等智能技术，构建具有泛在化学习空间、个性化学习方式、智能化教学管理、一体化教育资源与技术服务等智能特征的现代化新型教学环境。它通过以优质教学资源的共建、共享和先进智能技术的整合应用为中心，可对学习者在学习过程中形成的历史数据进行科学分析和数据挖掘，识别学习者特性和学习情境，灵活生成最佳适配的学习任务和活动，有效促进师生智慧能力发展和智慧行动出现，进而提高师生智能素养与教育教学质量，推动教育教学改革与教师的专业发展。

教育行业在实现了信息化、互联网化和移动化的同时，智能化也已是大势所趋。学校的智能化教学环境是运用现代教育教学理论和智能技术所创建的系统化教学环境，尤其是随着智能技术的快速发展和教育教学应用，各级各类中小学的教学环境已经发生了很大的变化，多媒体教室、计算机网络教室及智慧教室、智能教室等不同层次的智能化教学环境成为主流，这也为未来智能化教学的开展和教师专业发展提供了良好的基础。

（二）智能化教学环境的特征

智能化教学环境是普通数字化教学环境的高端形态，是教育技术发展的必然结果。它具有以下主要特征：

1. 记录教学过程：智能化教学环境能通过动作捕获、情感计算、眼动跟踪等感知并记录教师与学习者在知识获取、课堂互动、小组协作等方面的情况，追踪教学过程，分析学习结果和教学实效，建立学习者模型，这为更加全面、准确地评价学习者的学习效果及教师的教学决策提供了重要依据。充分尊重师生人性，能依据教师、学生的特征和需求，提供精细、富有实效的个性化教育服务。

2. 识别学习情景：智能化教学环境可根据学习者模型和学习情景为学习者提供个性化资源和工具，以促进有效学习的发生；智能化教学环境能识别教学情景，包括学习时间、学习地点、学习伙伴和学习活动，学习情景的识别为教学活动的开展提供支持。学习行为的感知能够获取学习者的位置、姿势、操作、情感等方面的数据，分析学生的学习需求，提供适应性支持。教学服务是动态的、智能的，它能够理解周围的教学环境，随着教学环境的变化而做出适时、恰当的反应。

3. 感知教学物理环境：智能化教学环境中所有的设备、系统和资源都应具备较强的可管理性，包括教室的布局管理、设备管理、物理环境管理、电气和网络安全管理等方面。例如，在教室布局方面，传统的"秧苗式"布局限制了学生间的互动，智慧教室应灵活多样，以支持多种教学活动的开展；物理环境管理能利用传感器技术监控空气、温度、光线、声音、气味等物理环境因素，为教师与学习者提供舒适的物理教学环境。

4.连接教学社群：智能化教学环境能够为特定学习情景建立教学社群，为教师及学习者有效连接和利用学习社群进行沟通和交流提供支持。借助人工智能、大数据技术，打造一个智能化教育生态，不同学习资源系统、学习工具系统、学习应用系统、学习行为及活动等数据的传递、共享、整合。提供丰富、优质的数字化学习资源供学习者选择，提供支持会话协作、远程会议、知识建构等多种学习工具，促进深度学习。

5.促进轻松的、投入的和有效的学习：智能化教学环境的目标是为教学创建可过程记录的、可情境识别的、可环境感知的、可社群连接的条件，促进学习者轻松、投入和有效地学习。基于感知学习情境，以学习者为中心，推送针对性的、个性化的学习服务。记录过程、识别情景、感知环境、连接社群，以促进学习者轻松的、投入的和有效的学习，既体现了智能学习环境的技术特征，也是其功能需求。

二、智能化教学环境的组成特征与设计

（一）智能化教学环境建设的特征

一是智能化教学环境的虚实结合特征。智能化教学环境空间上建设是物质环境与虚拟环境的有机结合，是在具体的学习空间中构建起支持多种教学模式，并跨越空间共享学习资源的环境。智能化教学环境的学习空间特征重要组成部分是智能学习工具硬件的搭建。智能工具与技术的搭建与应用是智慧教学中的重要组成部分和支撑，利用智能工具与技术可以使师生之间建立更畅通、更牢固、更互动的教学通道，在教学过程中更加明确学习的主旨和意义。而且智能化教学工具与技术的应用，使教学成果数据化，在教学数据中心的支撑下，记录的学生状态、成果测评、课堂行为等数据可形成智能化报告，全面呈现智能教学场景，对智能化教学具有重要意义。

二是智能化教学环境的教学实况特征。在智能教学工具运用之外，专业化软件和数据沟通互联平台也是组成智能化教学环境的重要部分，集计算机、电子信息、仿真技术于一体，模拟虚拟环境，从而给学生课堂环境沉浸感，并且具备数据的沟通与互联，增加学生的课堂互动体验。教学数据平台可存储多种课程，课程的设立与组织可满足不同学生的不同学习需求，实现

课程选取的自主化、自由化和可扩展化。智能应用软件及教学数据平台也可对教学资源进行数据化管理，对图书、多媒体设备及网络资源进行汇聚、整合和共享，实现学生对教学资源的共享化体验，实现教学资源的规范化管理，实现教学手段的灵活应用。

三是智能化教学环境的教学管理特征。智能化教学环境的搭建也要为教师实现个性化教学提供资源汇聚化、共享化的平台，使教师可以对教学内容、教学方式、教育成果分析等进行数据化把控，为教学提供辅助决策。在大数据时代的背景下，通过智能化评价体系的建设可对采集的数据进行分析，从而进行规划和评价来体现智能化教学特点。

四是智能化教学环境的设备管理特征。智能化教学环境的设备管理主要是集中教学资源体系，提高多媒体设备集成度，增加交互教学手段，简化教室设备维护管理。利用智能设备管理平台将所需要的数据直观地显示出来，包括学生上课率、老师出勤、设备资产管理、设备使用情况与警告、教室管理等，教学管理人员可以快速地判断当前教学运行的各项系统情况。并且智能化教学环境的设备要具备用户个性化设置，通过关注的不同数据，来调整定制各模块数据的先后顺序，便于更加便捷与直观地智能化管理。

（二）智能化教学环境建设的架构设计

一是智能化教学环境建设的构成内容。主要包括：其一，基础的智能交互终端设备，如计算机、智能手机、平板电脑、交互显示大屏等。交互设备的选择，要以智能化教学环境建设中以用户体验感为初衷，以用户为（教师、学生、管理者）为核心，然后借助互联网终端技术进行交互协作。其二，基础设备性能要满足业务化的资源需求，如存储容量、计算能力等。并且要考虑到未来的扩充与扩容的弹性扩展，从而提高设备资源利用率。其三，在分析与整理信息方面，智能化教学环境中所发生的教学活动与教学动作都可以进行记录，并将采集的数据整理后，再借助于智能分析技术对其进行处理，通过智能分析为教学管理者提供教学信息服务与教学活动分析判断，从而提前预测和规划教学任务与安排。

二是智能化教学环境建设的遵循原则。主要包括：其一，考虑各应用系统间的兼容性原则。教学环境建设在不断发展革新，在原有的建设环境中一定积累所使用的数据与设备，要充分考虑用户使用原有应用与设备的体验感，保持操作一致性与数据的兼容性，不断升级优化，应用于设备。其二，先进技术原则。在采用先进技术手段时要考虑实效性原则，就是要采用最先进的技术内容，要求有先进的理念与系统程序，并且要融合前期搭建内容，达到共存、开放和互通的环境架构。其三，系统稳定性原则。智能化教学环境建设要做到前期初步规划，优化调整好未来建设的方案，保证信息传输安全、网络安全，保证系统运行稳定性等，最好在确定有可支持实例或者案例的条件下建设共存的运行。

三是智能化教学环境建设的结构设计。智能化教学环境建设的目的是将现代智能技术手段运用在教学过程与方法中，同时融合教学管理内容形成总体架构模型。其一，教学设备环境的互联。要考虑到设备、资源的有效互联，提高使用者操作过程的体验感，并可以在个人使用特点上进行操作上的创新。其二，基础设施建设。教学网络搭建设计是对教学设备正常运行的基础保障，可通过建设教学设备专线、教学视频专线，来满足用户信息交互的使用需求，并考虑校园网、无线网络、物联网来满足适合的使用场景，实现使用者与教学设备间的友好对接。其三，基础数据结构分析。优化基础数据的构成，有利于数据应用与数据分析，具体包括教学过程数据、教学管理数据和教学设备数据等构成的数据库。其四，信息的集成与分析处理。这里主要是使用者对基础数据进行分析并提供智能决策，通过提供个性化服务提高使用者进行研判的效率。其五，系统应用环境。在数据基础上，通过数据分析与智能决策形成对数据的管理，将其高度融合，建设 MOOC、社交平台等开放式的学习环境。

三、智能化教学环境助推乡村教师专业发展

智能时代的来临，正在深刻变革着人们的工作、生活和社会交往形式。人工智能、大数据、物联网叠加其他技术，将深刻地影响着教育教学方式的变革，也会对教师长久以来形成的教育的理解、判断和追求产生巨大的影响。智能化教学环境中技术在为教师赋能增效的同时，也在重新定位着教师专业角色转变和倒逼着教师专业发展变革。在智能技术飞速发展和智能化教学环境逐渐普及的新场域下，在我国乡村教育振兴的背景下，重新思考乡村教师专业发展面临的挑战和机遇，探讨利用智能技术促进乡村教师专业发展的创新策略，已经成为推动新时代乡村振兴与教师教育发展需要面对的关键课题。

（一）智能化教学环境唤醒乡村教师的专业发展意识

在智能化教学环境中，面对国家全面深化新时代教师队伍建设改革意见中的"适应信息化，人工智能等新技术变革"的要求，乡村教师也要了解智能技术的相关知识，掌握基本的整合技术的专业理论知识，具备人机协同的发展意识和能力。囿于乡村教师所处地理位置的限制，线下的教研共同体并不易组织，但智能化教学环境中利用智能技术，可以便捷灵活的实现人机对话、人人互联等交互方式，从而也能够形成良好的智能学习共同体。通过共同体中的人人对话，乡村教师可以看到其他优秀教师积极应对智能时代的教师专业发展要求，主动进行自我专业发展规划等行为，通过学习优秀教师的做法，唤醒自我的专业发展意识；而人机对话则倒逼乡村教师主动学习人机协同的专业技能，形成专业发展的主动意识。

在智能化教学环境中，综合信息素养、智能教育素养日益成为人工智能时代教师的重要专业素养，智能教育素养是支撑教师在人工智能时代教育教学实践和专业发展的知识、能力、态度与伦理的集合。乡村教师是振兴乡村教育的核心要素，培养乡村教师的智能素养，让乡村教师具备应对智能时代的积极态度和自我意识，不让乡村教师在专业发展上掉队。因此，利用智能互联等智能技术进行学习、互联，赋能乡村教师专业发展已成为智能时代乡村教育振兴与教师教育建设中亟须思考和解决的新目标。

（二）智能化教学环境促进乡村教师的个性化学习

信息技术的发展为我们营造了数字学习环境，从 E-learning、B-learning到移动学习与泛在学习，特别是物联网、大数据技术的发展，为智能教学环境建设与个性化学习提供了技术支撑。马来西亚学者 Chin 认为，"智能教育环境是一个以信息通信技术的应用为基础、以学习者为中心的且具备以下特征的环境：能够满足学习风格和能力在不同学习主体上的个性化体现，能够助力学习者终身学习；为学习者的发展提供支持。"智能化教学环境对乡村教师个性化学习的支持主要体现在以下几个方面。

首先，智能化教学环境中的大数据分析技术是对乡村教师个性化学习的有力支持。在人工智能时代，运用分布式学习记录与存储，学习轨迹可以被记录下来，再通过 AI 分析出报告。合理运用大数据技术给我们带来的便利，从所生成的大量的数据中，那些有需求和有价值的信息也逐步被发掘出来，从而向乡村教师做出针对性的反馈。其次，智能化教学环境中的学习资源支持乡村教师个性选择。在智能教育环境的支撑下，乡村教师可以根据自己的个性化需求实现学习资源及学习进度和进程的自主选择。智能教育平台能够实现学习端和教师端进行深度交互，以此来打破时间和空间对于教学的限制。学习资源的丰富性能够切实保障乡村教师的个性化选择权，帮助乡村教师更好地进行建构。第三，智能化教学环境中的学习工具援助乡村教师自主建构。以智能教育环境作为学习环境依托，使得多元化的交互成为可能，促进乡村教师更快地实现自主构建，助力个性化学习更为快速的推进和开展。这使得认知水平、学业水平有较大差距的学习者可以在衡量自身的基础上，选择贴近于自身的个性化学习方式。最后，智能化教学环境中的学习评价促进乡村教师深度反思。由于智能化教学环境自身的优势，它能够为乡村教师提供多样化的技术手段，其可以通过监测、反馈及数据分析，帮助乡村教师对于自己的学习阶段形成较为清晰的认识，了解自己与其他同事之间存在着哪些差距，从而可以依据反馈的结果，来不断调整自己的学习节奏。

（三）智能化教学环境重塑乡村教师的知识结构

2018年，《中共中央 国务院关于全面深化新时代教师队伍建设改革的意见》提出要求：优化教师知识结构，全面提升教师专业素质与能力，以适应新时代的人才培养需求。在智能化教学环境中，人工智能、虚拟现实、大数据等智能技术与教育融合共生，增加了教师知识结构的丰富性与复杂性。随着新型智能互联技术应用到乡村教育场域中，乡村教师专业发展的空间领域扩大，乡村教师的知识需要及时更新。从智能时代的教育资源供给来看，智能教学环境中的教育资源更加多样，资源供给更加及时，供给模式也呈现多样性和丰富性特征，智能技术支持的资源供给路径也越来越精准化。从智能时代的教育资源类型来看，与乡村教师专业发展有关的智能化教育资源通常包括技术支持的师资资源、虚实结合的课程教学资源和过程生成型自主研修资源三类。智能化教学环境能够优化配置三类资源的有效供给，如智慧学习环境下的名师网络课堂和双师课堂可以帮助乡村教师及时学习到名师和优秀教师的新理念、新方法；虚实结合的课程资源可以让乡村教师及时体验不同类型的教学媒体；生成性资源能够在乡村教师专业发展过程中及时提供所需，而不是按照预设生成的资源推送。

智能技术作为信息技术的升级，将重构教育样态，以人机协同的方式实现"人本""生态""智能"的一体化。智能化教学环境的资源供给与合理配置是优化教育新生态过程中的重要选择，通过智能分析与教学交互，能够给乡村教师专业发展过程中提供真正需要的各类资源和材料，给乡村教师专业发展中提供基于乡村教育教学场域下的情境支架，能够保证乡村教师专业发展过程中所需的知识准确供给和及时更新。

（四）智能化教学环境提升乡村教师培训的实效性

《中共中央　国务院关于全面深化新时代教师队伍建设改革的意见》明确提出了推动人工智能与教师专业发展的融合，探索"智能＋教师培训"的核心要求。依托智能化教学环境的技术优势，能够创设多元异步的专业学习空间，促进非正式学习与正式学习的融合，推动线上学习、线下学习与工作现场学习（校本研修）融合的混合式培训模式创新。在智能技术支持下乡村教师专业发展的可选路径将更加丰富多样，既有常规的面对面培训的路径，也有依托智能互联技术提供的自主灵活的学习方式。沉浸式虚拟现实和增强现实的仿真教育软件，可以搭建真实教学场景和境脉，同时解决乡村教师不能参加线下技术类培训的难题；乡村教师可以在镜像课堂(Mirror Class)中模拟教学场景，在"虚实共生"的新型教学环境中，不断提高智能技术应用能力和与机器协同开展教学的本领。

智能化教学环境中的智能技术还支持乡村教师专业发展的精准画像，大数据和多模态技术能够支持对乡村教师基本特征和前期已有能力开展评估，对乡村教师在学习发展过程中的生理、心理、行为等多模态数据采集，综合研判乡村教师现有阶段的水平并做分析，采用补齐专业技能和追上差距的方式为其制定更加适合的个性化培训项目，利用自适应的学习推送来实现供需适配，促进了乡村教师专业发展的评估诊断和动态调整。

（五）智能化教学环境助力乡村教师可持续发展

智能技术的迅猛发展重构了教育的发展形态，并对教师专业的可持续发展提出了新要求。2020年7月，《教育部等六部门关于加强新时代乡村教师队伍建设的意见》，要求要在新时代加强乡村教师的专业发展，培养符合新时代要求的高质量乡村教师，发挥人工智能等新技术的助推作用。在智能化教学环境中，借助智能决策技术可以通过人工智能方法来解决复杂的教师发展决策问题。尤其是智能社会的发展对大量创新型人才的需求、将倒逼教育的关注点从技术促进教学的单一层面上扩展到技术促进各级各类师资队伍建设等层面上，智能决策能够将信息判断、知识决策和执行过程统一起来，通过大数据采集分析形成教师发展模型，对不同类型的教师群体发展情况制定不同的方案。智能决策为各级各类教师队伍建设提供了更科学、更精准的教师队伍发展形势研判、趋势预测和干预机制，尤其是智能决策中的反馈机制更能保障教师专业可持续发展与社会发展进步协同一致，这对于乡村教师专业发展也是一个重大机遇。

在智能化教学环境中，智能决策中的跟踪评价让教师专业发展变得科学、准确且可持续，基于数据的教师专业发展保障也将更加民主和公平，多样态的研修模式使得乡村教师将拥有更多的选择权和决定权，不再局限于被教育管理机构所安排的特定培训地点、时间、内容和形式，而是根据个体需求，在智能场域中更加灵活自主地开展自我学习提升，从时空自由度上也保障了乡村教师专业发展的可持续性。

在智能化迅速普及的新时代背景下，思考如何利用智能化教学环境及相关的智能技术促进乡村教师专业发展，不断提升乡村教师的思想理念和教学能力，进而促进教学方法革新，实现智能时代创新性人才的培养已成为当下教育发展面临的重要课题，也是促进教育公平的重要方式。根据经济学中的长板理论，乡村教育的科学可持续发展将会带动乡村社会的整体发展，从而促进乡村长期振兴与繁荣。不可否认，当下智能技术对于教育的变革，对于乡村教师专业发展的深刻影响还并不尽如人意，但历史已经很好地证明了技术的进步往往能带来社会形态和教育发展的改变。作为教师教育工作者，应该放眼未来，秉承理性的严谨态度，科学合理制定乡村教师专业发展的短期、中期和长期规划，实现智能时代乡村教师专业发展的弯道超车，这对于提升教师的专业化水平及教师队伍的整体素质，进而推动新时代教育高质量发展具有重要现实意义。

参考文献

一、专著类

[1] 曹如军，刘国艳，吴平 . 农村学校变革的理论与实践 [M]. 苏州：苏州大学出版社，2016.

[2] 费孝通 . 江村经济 [M]. 北京：商务印书馆，2001.

[3] 费孝通 . 乡土中国 [M]. 上海：上海人民出版社，2006.

[4] 何东昌 . 中华人民共和国重要教育文献（1998—2002）[M]. 海口：海南出版社，2003.

[5] 李森，崔友兴 . 社会变迁中的乡村教育 [M]. 福州：福建教育出版社，2017.

[6] 刘铁芳 . 乡土的逃离与回归：乡村教育的人文重建 [M]. 福州：福建教育出版社，2011.

[7] 苗春德 . 中国近代乡村教育史 [M]. 北京：人民教育出版社，2004.

[8] 庞守兴 . 困惑与超越：新中国农村教育忧思录 [M]. 桂林：广西师范大学出版社，2003.

[9] 王向华 . 对话教育论纲 [M]. 北京：教育科学出版社，2009.

[10] 吴慧青 . 农村学校服务新农村文化建设研究 [M]. 杭州：浙江大学出版社，2016.

[11] 徐斌艳 . 教师专业发展的多元途径 [M]. 上海：上海教育出版社，2008.

[12] 叶敬忠，吴慧芳，孟祥丹 . 中国农村教育反思发展主义的视角 [M]. 北京：社会科学文献出版社，2015.

[13] 余万斌，杜学元，谭辉旭 . 农村教育现代化的理论与实践研究 [M]. 北京：人民出版社，2015.

[14] 余永德 . 农村教育论 [M]. 北京：人民教育出版社，1999.

[15] 周晔 . 农村教育综合改革政策的道路转向 [M]. 北京：中国社会科学出版

社，2017.

[16] 佐藤学.学习的快乐：走向对话[M].钟启泉，译.北京：教育科学出版社，2004.

二、期刊论文类

[1] 戴朝卿，赵丽华，吕卫君，等."大物理"教学体系下"互联网+"虚实结合实验教学改革与实践[J].实验技术与管理，2016，33（5）：205-208.

[2] 付卫东.改革开放40年我国农村中小学教师队伍建设：举措、成效及经验[J].教育与经济，2018（4）：22-29.

[3] 郜战红.正确认识新时代我国社会主要矛盾的转化[J].理论导刊，2018（2）：32-35.

[4] 郭晓鸣，张克俊，虞洪，等.实施乡村振兴战略的系统认识与道路选择[J].农村经济，2018（1）：11-20.

[5] 洪文峰，赵嘉平.中小学教师的专业知识及养成[J].中小学教师培训，2005（10）：12-13.

[6] 洪远泉，周永明.地方高校电子类专业创新教育实践探讨[J].实验科学与技术，2014，12（3）：143-145.

[7] 华晓宇.基于网络学习共同体的教师研修模式分析[J].教育评论，2015（5）：73-75.

[8] 黄英.教师的学习特征与在职培训[J].教育探索，2008（1）：138-139.

[9] 蒋和平.实施乡村振兴战略及可借鉴发展模式[J].农业经济与管理，2017（6）：17-24.

[10] 李军国.实施乡村振兴战略的意义重大[J].当代农村财经，2018（1）：2-6.

[11] 李永涛，毛巍威，刘猛洪，等.提高大学物理实验教学质量的思考[J].大学物理实验，2013，26（1）：117-119.

[12] 刘合光.乡村振兴战略的关键点、发展路径与风险规避[J].新疆师范大学学报（哲学社会科学版），2018，39（3）：25-33.

[13] 邬志辉，马青.中国农村教育现代化的价值取向与道路选择[J].中国地质大学学报（社会科学版），2008（6）：58-62.

[14] 肖立娟.大学物理实验教学的现状与教学改革的探究[J].大学物理实验，2015，28（6）：114-116.

[15]	闫合占.农村基础教育改革与新农村建设[J].继续教育研究,2017(12):37-40.

[16]	杨建良.运用"虚实结合"构建电类课程实验教学新模式[J].湖南第一师范学院学报,2013,13(6):45-48.

[17]	张德钱,刘益民,张玉芹.基于安卓的大学物理实验教学管理系统设计[J].实验科学与技术,2017,15(4):160-162.

[18]	张玉芹,洪远泉.Multisim10在大学物理电学实践教学中的应用[J].韶关学院学报,2011,32(4):99-101.

[19]	周立.乡村振兴战略与中国的百年乡村振兴实践[J].人民论坛·学术前沿,2018(3):6-13.

[20]	付明明.智能教育时代教师专业发展路径探析[J].黑龙江教师发展学院学报,2022(7):19-21.

[21]	崔亚强,甘启宏,余淇.高校智慧教学环境的认识、内涵和实践途径研究[J].中国教育信息化,2020(9):13-18.

[22]	王家胜,张慧翼,朱利.高等中医药院校智慧教学环境建设研究[J].教育教学论坛,2021(1):50-55.

[23]	周洋.智慧学习环境下教师学习共同体的构建路径研究[J].湖南工业职业技术学院学报,2021(5):116-119.

[24]	柳立言,张会庆.智能时代乡村教师专业发展的困境、机遇和实践路径[J].中国电化教育,2021(10):105-113.

[25]	张苏榕.智慧学习环境下成人教师角色的新定位及实现策略[J].中国成人教育,2017(8):131-135.

[26]	黄小倩,沈小强.教育数字化转型背景下乡村教师专业发展策略研究[J].贵州师范学院学报,2022(7):70-76.

三、硕博论文类

[1]	安其心.社会主义新农村建设视野下的农村教育问题研究[D].济南:山东大学,2008.

[2]	曾洁玉.制约和影响怀化农村基础教育发展因素分析与对策研究[D].长沙:湖南师范大学,2012.

[3]	陈新文.论教师专业化及其发展[D].武汉:华中师范大学,2003.

[4]　籍莹.我国农村教育的价值取向研究 [D].重庆:西南大学,2011.

[5]　靳月.民国乡村建设运动与社会主义新农村建设的比较研究 [D].长春:吉林农业大学,2008.

[6]　康丹.乡村文化回归乡村教育的必要性及路径研究 [D].西安:陕西师范大学,2017.

[7]　梁鸿媛.新中国农村基础教育管理体制变迁研究 [D].长春:东北师范大学,2012.

[8]　刘文艳.农村义务教育学生营养改善计划研究 [D].南昌:江西农业大学,2016.

[9]　刘小锋.乡村学校教育功能弱化问题的个案研究 [D].长春:东北师范大学,2011.

[10]　路世鹏.近代浙江新教育培育乡村道德研究 [D].金华:浙江师范大学,2016.

[11]　汪孝敏."新农村"建设中农村教育的问题和出路 [D].福州:福建师范大学,2008.

[12]　余梅芳.新农村建设背景下的农村教育发展对策研究 [D].南京:南京农业大学,2008.

[13]　袁方成.财政短缺下的乡村教育 [D].武汉:华中师范大学,2003.

[14]　翟昕.毛泽东农村建设思想视阈下的中国乡村治理 [D].太原:太原理工大学,2015.

[15]　张济洲.文化视野中的村落、学校与国家 [D].上海:华东师范大学,2007.

[16]　张威.新时期农业现代化视域下我国农村教育问题研究 [D].成都:西南石油大学,2015.

[17]　方政辉.新农村建设背景下的黑龙江省农村教育发展对策研究 [D].长春:吉林大学,2012.

[18]　赵丽君.乡村学校的变迁与乡村教育的发展 [D].成都:四川师范大学,2017.